Adomeit/Hähnchen

Latein für Jurastudierende

Latein für Jurastudierende

Ein Einstieg in das Juristenlatein

von

Dr. Klaus Adomeit
Professor i. R. an der Freien Universität Berlin

Dr. Susanne Hähnchen
Professorin an der Universität Bielefeld

6. Auflage 2015

C.H.BECK

Das Werk ist bis zur 5. Auflage unter dem Titel
„Latein für Jurastudenten"
im Berliner Wissenschafts-Verlag erschienen.

Die Vorauflagen wurden ins Türkische (2009),
Estnische (2005) und Polnische (2006) übersetzt.

www.beck.de

ISBN 978 3 406 68644 3

Wilhelmstraße 9, 80801 München
Druck: Nomos Verlagsgesellschaft
In den Lissen 12, 76547 Sinzheim

Satz: DTP-Vorlagen der Autoren

Gedruckt auf säurefreiem, alterungsbeständigem Papier
(hergestellt aus chlorfrei gebleichtem Zellstoff)

Begrüßungsrede durch einen rechtskundigen römischen Bürger (CIVIS ROMANUS)

Kommilitonen!

Kein germanischer Jurist, der sein eigenes Recht wahrhaft begreifen will, kann auf die von uns Römern gesetzten Grundlagen, auf unsere lateinische Sprache ganz verzichten! Das BGB ist in „thiudisk", also in heidnischer Sprache geschrieben[1], aber viele seiner Paragraphen sind bloßes übersetztes römisches Recht. Mehr noch: Das System und die Denkweise des BGB sind weithin vom alten Recht der Römer abhängig, sogar noch nach Eurer Schuldrechtsreform!

Wer, wenn nicht wir, hat so früh und in letzter Klarheit Rechte an einer *Sache* und Rechte gegen eine *Person*, also dingliche und schuldrechtliche Beziehungen unterschieden? Wer hat *Eigentum* (dominium) und *Besitz* (possessio) zu trennen gewusst? Wer hat Erwerbsarten und Schutz des *Eigentums* so genau herausgearbeitet? Kann man sich einen Juristen vorstellen, der mit *rei vindicatio* nichts verbindet? Man lese zum Recht der *obligationes* die Gliederung des BGB zum Buch II, 7. Abschnitt: „Einzelne Schuldverhältnisse": Was man dort findet, stammt von uns, wie Kauf, Tausch, Schenkung, Miete, Pacht, Leihe, Darlehen, Auftrag, Geschäftsführung ohne Auftrag, Verwahrung, Gesellschaft, Bürgschaft – von unseren Vorfahren auf höchste Genauigkeit hin entwickelt! Leicht ist dies zu vergleichen an den „Institutionen" des göttlichen Justinianus, also im Ersten Teil seines Sammlungs- und Gesetz-

---

[1] Vgl. Friedrich Kluge, Etymologisches Wörterbuch der deutschen Sprache, zu „deutsch".

gebungswerkes CORPUS IURIS CIVILIS, aus dem Konstantinopel (heute Istanbul) des 6. Jahrhunderts nach Eurer Zeitrechnung. Es ist ein ermutigendes Zeichen, dass dieses höchst würdige Werk in zweisprachiger Fassung als Taschenbuch erschienen ist (4. Auflage 2013). Freilich wird Euch Studenten, vom heutigen Stand subtiler Dogmatik gefordert, vieles allzu simpel erscheinen. Die edle Einfalt und stille Größe im Recht unserer Vorfahren ist jedoch für die heutige Epoche, für alle Länder Europas, ein Aufruf, wieder einfacher im Recht zu werden.

Das eigentliche Vermächtnis (= legatum) unserer Vorfahren ist die sportliche Freude, Rechtsfälle zu lösen, sich einem Interessenkonflikt zu stellen, dabei, wie ein Arzt seine Instrumente, juristische Begriffe anzusetzen, doch das Ergebnis immer wieder, wenn notwendig, unter Gerechtigkeitsgesichtspunkten in Frage zu stellen, ständig tastend im Dialog mit sich selbst, mit Schülern und Kollegen, eine – die! – „Lösung“ zu suchen. Wenn *Gaius* folgenden einfachen Fall bringt (Dig. 18, 1, 35, 8)

> „Si quis in vendendo praedio confinem celaverit, quem emptor, si audisset, empturus non esset …“
>
> (= Wenn jemand beim Verkauf eines Grundstücks einen Nachbarn verschweigt, und wenn der Käufer, wenn er von diesem gehört hätte, nicht gekauft haben würde …)

dann wird darüber in jedem Collegium von Juristen – damals wie heute! – eine fast endlose Debatte losgehen. Wollte der Käufer überhaupt keinen Nachbarn – jedenfalls keinen etwa mit Bauabsichten!? Geht es nur um *diesen* Nachbarn? Wie schlimm muss solch ein Nachbar sein, um § 119 oder gar § 123 BGB anwendbar zu machen? Oder sogar als Mangel des Grundstücks zu gelten? Wie genau musste der Verkäufer die Animosität seines Vertragspartners gegen diesen Nachbarn kennen oder erahnen?

Wer solch elementares juristisches Arbeiten gelernt hat, der wird ein guter Jurist sein, ganz gleich, was die zufällige und oft kurzlebige Gesetzgebung seines Landes im Moment besagt.

Kommilitonen: discite bene ac fortiter! (= Lernt eifrig!)

CIVIS ROMANUS

ROMAE IN CAPITOLIO
Kalendis Octoberis anno ab urbe condita MMDCCLXVIII[2]

---

[2] Erläuterung: Die Zahl MMDCCLXVIII = 2768 (M = 1000; D = 500; C = 100; L = 50; X = 10; V = 5; I = 1). Die Stadt Rom wurde nach sagenhafter Überlieferung in einem Jahr gegründet, das bei Rückdatierung gemäß christlicher Zeitrechnung dem Jahr 753 v. Chr. entspricht (früher lernte man in der Schule „sieben – fünf – drei, Rom kroch aus dem Ei"). Ab urbe condita = von der gegründeten Stadt her gerechnet, dem römischen Zeitpunkt Null. CIVIS ROMANUS hat uns seinen Text also zuletzt am 1.10.2015 aktualisiert übergeben. Bei der Abfassung unterstützt wurde er von Marco Birkholz, Hilfskraft am Lehrstuhl Hähnchen. – Über den recht komplizierten Kalender der Römer vgl. Reclams Lexikon der Antike, 1996, eine Bearbeitung von The Oxford Companion to Classical Literature. Danach bezeichnete „kalendae" den ersten Tag des Monats.

Inhaltsverzeichnis

Abkürzungen

a.a.O.	am angegebenen Ort
ABGB	Allgemeines Bürgerliches Gesetzbuch (Österreich)
Abs.	Absatz
AcP	Archiv für die civilistische Praxis
ArbGG	Arbeitsgerichtsgesetz
Aufl.	Auflage
BGB	Bürgerliches Gesetzbuch
Cc	Code civil (Frankreich)
ders	derselbe
d.h.	das heißt
Dig.	Digesten (Justinians)
EGBGB	Einführungsgesetz zum BGB
ErbR	Erbrecht
FamilienR	Familienrecht
Fn.	Fußnote
FS	Festschrift
GG	Grundgesetz
HGB	Handelsgesetzbuch
HKK	Historisch-kritischer Kommentar
Hrsg.	Herausgeber
insb.	insbesondere
Inst.	Institutionen (Justinians)
i.e.S.	im engeren Sinne
i.d.R.	in der Regel
i.w.S.	im weiteren Sinne
JZ	JuristenZeitung
KirchenR	Kirchenrecht
MethodenL	Methodenlehre
mwN	mit weiteren Nachweisen

NJW	Neue Juristische Wochenschrift
OR	Obligationenrecht, Teil des Zivilgesetzbuchs (Schweiz)
ÖR	Öffentliches Recht
Pl.	Plural
ProzessR	Prozessrecht
RL	Richtlinie
Rn.	Randnummer
römR	römisches Recht
s.	siehe
S.	Satz bzw. Seite
sog.	sogenannte
StGB	Strafgesetzbuch
StPO	Strafprozessordnung
StR	Strafrecht
StProzessR	Strafprozessrecht
v.	versus
VölkerR	Völkerrecht
z.B.	zum Beispiel
ZEuP	Zeitschrift für Europäisches Privatrecht
ZIP	Zeitschrift für Wirtschaftsrecht
ZPO	Zivilprozessordnung
ZProzessR	Zivilprozessrecht
ZR	Zivilrecht
ZRG RA	Zeitschrift der Savigny-Stiftung für Rechtsgeschichte, Romanistische Abteilung
→	Verweis auf anderen Begriff, siehe dort
↔	Gegenteil

Literaturauswahl

Bretone, Mario: Geschichte des Römischen Rechts – Von den Anfängen bis zu Justinian, 2. Aufl. 1998

Bringmann, Klaus: Römische Geschichte. Von den Anfängen bis zur Spätantike, 10. Aufl. 2008

Bürge, Alfons, Römisches Privatrecht. Rechtsdenken und gesellschaftliche Verankerung, 1999

Fögen, Marie Theres, Römische Rechtsgeschichten. Über Ursprung und Evolution des sozialen Systems, 2002

Hähnchen, Susanne: Rechtsgeschichte – Von der Römischen Antike bis zur Neuzeit, 4. Aufl. 2012

Honsell, Heinrich: Römisches Recht, 8. Aufl. 2015

Huchthausen, Liselot (Hrsg./Übers.): Römisches Recht in einem Band, 3. Aufl. 1991 (= gute Quellenzusammenstellung auf Deutsch)

Kaser, Max / Knütel, Rolf: Römisches Privatrecht, 20. Aufl. 2014

Knütel, Rolf / Kupisch, Berthold / Lohsse, Sebastian / Rüfner, Thomas: Corpus Iuris Civilis – Die Institutionen. Text und Übersetzung, 4. Aufl. 2013

Kunkel, Wolfgang, Die Römischen Juristen. Herkunft und soziale Stellung, 2. Aufl. 2001

Lieberwirth, Rolf: Latein im Recht, 5. Aufl. 2007

Liebs, Detlef, Lateinische Rechtsregeln und Rechtssprichwörter, 7. Aufl. 2007

ders.: Römisches Recht, 6. Aufl. 2004

von Lübtow, Ulrich: Das römische Volk. Sein Staat und sein Recht, 1955

Rainer, Michael/Filip-Fröschl, Johanna, Texte zum Römischen Recht – Fallbeispiele für das Studium; Schwerpunkt Schuld- und Sachenrecht, 1998

Wesel, Uwe: Geschichte des Rechts, 4. Aufl. 2014

ders., Die Hausarbeit in der Digestenexegese – Eine Einführung für Studenten und Doktoranden, 3. Aufl. 1989

I. Einstieg in das Juristenlatein

1. ius, iustitia, iudicare, iudex

Am Anfang steht

ius = das Recht.

Lateinische Substantive kommen ohne Artikel aus. Aber das Geschlecht von ius ist dasselbe wie beim deutschen Recht: ein neutrum (neuter = weder männlich noch weiblich, keins von beidem). Der Plural beim neutrum geht auf -a aus. Also

iura = die Rechte

Jetzt wissen wir also, was man im Jura-Studium lernt: die Rechte! Welche? Dies ist ein Relikt aus mittelalterlicher Zeit, als Kaiser und Papst um die Herrschaft kämpften und es zwei Rechtswelten gab: das weltliche und das kirchliche Recht. Heute müsste man eigentlich auch in Deutschland (wie in Österreich und der Schweiz) Jus-Studium sagen, aber Traditionen halten sich lange.
Aus ius lässt sich schon ein erster einfacher Satz bilden:

ius est. = Es ist rechtens.

Oder besser: So ist nun einmal die Rechtslage. Die Römer waren Realisten. Sie sagten

ius (civile) vigilantibus scriptum.

= das (Zivil-)Recht ist für ausgeschlafene Leute geschrieben (vigilare = wachen; scribere, scripsi, scriptum = schreiben,

schrieb, geschrieben). Civilis im neutrum civile, heißt bürgerlich, civis = der Bürger, civis romanus = der römische Bürger.
Ein schöner Satz von einem großen Kollegen *Ulpianus*, also etwa 1700 Jahre alt, lautet:

ius est ars boni et aequi.

= Das Recht (oder besser die Rechtswissenschaft) ist die Kunst des Guten (von bonus, -a, -um = gut) und des Gerechten (von aequus, -a, -um = richtig, gleich, gerecht). Aequitas ist die Billigkeit oder die Gerechtigkeit im Einzelfall.

ius respicit aequitatem.

= Das Recht achtet auf Gerechtigkeit (respicere = zurückschauen, um sich sehen). Kenner des römischen Rechts werden einen solchen Satz der nachklassischen Spätsphäre zuordnen, wo Treu und Glauben (= bona fides) immer wichtiger wurden, auf Kosten früherer Rechtssicherheit.
Klassisch ist vielmehr das strenge Recht:

ius strictum

nicht das billige Recht:

ius aequum.

Das staatlich gesetzte Recht

ius positivum

(von ponere, posui, positum = setzen, stellen, legen) ist zwingend = cogens.

ius publicum privatorum pactis mutari non potest.

= Das öffentliche Recht (ius publicum) kann nicht (= non potest) verändert werden (von mutare = verändern, s. Mutation;

mutari ist dem Deutschen unbekannt, ein Infinitiv Passiv) durch Verträge (pactum = Vertrag, Abkommen, Plural: pacta) von Privatpersonen. Pactum steht nahe an pax = der Frieden, und pacificus = friedensstiftend sollte ein Vertrag schon sein. Verträge sind einzuhalten:

pacta sunt servanda,

wobei servare auch beobachten, hüten und bedienen bedeuten kann.

meum ius = mein Recht

Ein jeder hat das Bestreben, sein Recht zu erhalten und zu halten = ius suum obtinere. Der schon zitierte *Ulpianus* sah das Wesen der Gerechtigkeit (= iustitia) geradezu darin, dafür zu sorgen, dass ein jeder sein Recht erhält:

iustitia est constans et perpetua voluntas ius suum cuique tribuendi.

= Gerechtigkeit ist der stetige (constans) und immerwährende (perpetuus) Wille (voluntas), einem jeden sein Recht zuzuteilen. Kritische Geister werden bei hochtrabenden Worten immer unruhig, und so kann man ankreiden, dass dies eine Zirkeldefinition ist: Was das jeweilige Recht des Einzelnen (= ius suum) ist, bleibt völlig offen.[3] Es gibt dann auch eine berühmte Gegendefinition:

fiat iustitia et pereat mundus!

= Es geschehe die (volle) Gerechtigkeit, und dann gehe die Welt zugrunde; eine Anmahnung, dass man es im Rechtlichen auch zu weit treiben kann. Eine Variante dazu:

---

[3] *Hans Kelsen*, Das Problem der Gerechtigkeit. Reine Rechtslehre, 2. Aufl. Wien 1960, S. 357 ff.

summum ius summa iniuria!

= Das höchste Recht ist zugleich das höchste Unrecht –: worüber man lange nachdenken kann. Weniger tiefgründig, aber von eminent praktischer Bedeutung:

nihil iniquius venali iustitia.

= Nichts ist ungerechter (iniquus = das Gegenteil von aequus, hier im Komperativ) als eine käufliche Gerechtigkeit. Angesprochen wird hier die Gefahr der Korruption in der besonders schlimmen Form der Richterkorruption.

qui suo iure utitur, neminem laedit.

= Wer sein eigenes Recht (Ablativ!) ausübt, verletzt niemanden, handelt also rechtmäßig. Dies gehörte bei uns heute in die Lehre von den Rechtfertigungsgründen.
Man kann diesen juristischen Gedanken auch so ausdrücken :

quilibet rei suae legem dicere potest.

= Ein jeder kann über seine Sache Recht sprechen (die Römer sogar auch über ihre Sklaven, die für sie Sachen waren!).[4]
Logisch gilt auch

executio iuris non habet iniuriam.

= Die Vollstreckung des Rechts hat in sich kein Unrecht.

Der Genitiv von ius ist iuris. Der

doctor iuris

ist ein begehrter Titel. Doctor kommt von docere = lehren, doctus = gelehrt, doctor ist eigentlich bereits der Lehrende.

---

[4] Vgl. dazu *Eugen Bucher*, Das subjektive Recht als Normsetzungsbefugnis, Tübingen 1965.

error iuris non nocet.

= Ein Irrtum über das Recht schadet nicht, hindert nicht die Verurteilung, im Gegensatz zum Tatbestandsirrtum, error facti (→ ignorantia facti, non iuris excusat.). Von diesem harten Erfordernis, das Recht vollständig zu kennen, sind die Strafrechtler seit langem abgekommen, vgl. § 17 StBG zum Verbotsirrtum. Dagegen: Das Gericht kennt das Recht, besser: die Rechte kennt das Gericht:

iura novit curia.

Es sind also Rechtsbelehrungen von Parteien und Anwälten entbehrlich, so auch die deutsche ZPO, aber keineswegs alle heutigen Rechtsordnungen.[5]

Es heißt also für die vor Gericht Auftretenden:

da mihi factum, dabo tibi ius!

= Gib mir den Fakt (richtiger eigentlich: das Fakt; das factum, von facere, feci, factum), ich werde dir das Recht geben.

nemo plus iuris transferre potest, quam ipse habet.

= Niemand kann (potest) mehr Recht übertragen, als er selbst hat. Dieser schon fast mathematisch zwingend erscheinende Satz hat das römische Recht beherrscht, das Recht des BGB hat sich aber davon emanzipiert. Der Nicht-Eigentümer einer Sache kann sehr wohl das Eigentum daran einem anderen übertragen (transferre), sofern dieser als Erwerber gutgläubig ist und die Sache nicht gestohlen wurde oder sonst abhandengekommen war, §§ 9232, 935 BGB. Bei Geld stört noch nicht einmal das Abhandenkommen. Das positive Recht – hier einmal von der deutsch-rechtlichen Entwicklung beeinflusst – kann also anders

---

[5] Zum spanischen Recht *Adomeit/Frühbeck*, Einführung in das spanische Recht, 3. Aufl. 2007, S. 86.

werten, den Schutz des Rechtsverkehrs dem des ursprünglichen Eigentümers vorziehen. (Dies hat aber im Bereicherungsrecht zu grausigen Komplikationen geführt, s. die Lehre von der Leistungskondiktion, von Dreiecksverhältnissen ganz zu schweigen.)[6]

Bei der Abtretung von Forderungen gilt heute noch der römisch-rechtliche Grundsatz, es gibt – fast! – keinen Gutglaubensschutz, §§ 404 ff. BGB.

Einig sind sich römisches und deutsches Recht über folgenden Grundsatz:

cedi ius personale alii non potest.

= Ein höchstpersönliches Recht kann nicht übertragen werden. Vgl. §§ 399, 613, 717 BGB.

Vom Genitiv iuris gibt es wichtige Ableitungen.

iuris-prudentia

= die Rechtswissenschaft.

prudens = klug, umsichtig, verständig; mit praktischem Blick, mit Sachkunde – hoffentlich! Auch hier ist wieder *Ulpian* mit einer schönen Definition zu zitieren:

iuris prudentia est divinarum atque humanarum rerum notitia, iusti atque iniusti scientia.

= Rechtswissenschaft ist die Kenntnis (notitia) der göttlichen (von divinus) und menschlichen (von humanus) Dinge (res = Sache, Ding), die Wissenschaft (scientia; scire = wissen) vom Rechten und Unrechten.

Eine weitere wichtige Ableitung:

---

[6] Dazu ausführlich *Hans Josef Wieling*, Bereicherungsrecht, 4. Aufl. Berlin 2007 oder kurz *Uwe Wesel*, Bereicherungsrecht NJW 1994, S. 2594 f.

iuris-dictio

= Rechtsprechung (von dico, dixi, dictum = spreche, sprach, gesprochen). Das Verb heißt iudicare, also kann man statt iurisdictio auch iudicatio sagen. Dagegen ist iurare = schwören, iuro = ich schwöre. Das dunkle Wort coniuratio bezeichnet die Verschwörung. Zu Zeiten des großen Kollegen *Cicero* (106 bis 43 v. Chr.) hatte es eine Verschwörung des ehrgeizigen und politisch gescheiterten *Catilina* gegeben, darüber der Bericht des Sallust: „de coniuratione Catilinae".

minor iurare non potest.

= Ein Minderjähriger kann nicht schwören, das sagen auch unsere heutigen Prozessordnungen.

Wer spricht Recht? Es ist der iudex, im Genitiv iudicis.

iudex non calculat!

= der Richter rechnet nicht, will bedeuten, er wertet die Argumente, aber er zählt sie nicht. Daran scheitert letztlich der Einsatz von Computern bei der Urteilsfindung. Falsch ist die Verwendung des Satzes als verbreitete Entschuldigung von Juristen für mangelnde mathematische Fähigkeiten.

iudex damnatur cum nocens absolvitur.

= der Richter wird verurteilt, wenn der (schuldige) Täter freigesprochen wird. Der Straftatbestand „Rechtsbeugung" (§ 339 StGB) ist bis heute mehr theoretisch. Aber auch:

absolvitus sententia iudicis praesumitur innocens.

= Wer durch Spruch des Richters freigesprochen ist, gilt als unschuldig.

boni iudicis est ampliare iurisdictionem.

= Eines guten Richters (Aufgabe) ist es, die Rechtsprechung weit zu fassen, auszudehnen. In diesem spätrömischen Satz kann man eine Vorwegnahme unseres Verständnisses der Aufgabe des Richters sehen, etwa des modernen Richters in der Arbeitsgerichtsbarkeit zur Rechtsfortbildung (§ 45 Abs. 4 ArbGG).

Umgekehrt aber hieß es:

non sunt iudicandae leges.

= Nicht ist zu urteilen über die Gesetze (= leges, Plural von lex, darüber später mehr). Die Gesetze soll der Richter in Ruhe lassen. Dieses Verständnis der richterlichen Aufgabe ist im Zeitalter der Verfassungsgerichtsbarkeit fallen gelassen. Dafür muss der Richter seit jeher für eine innere Stabilität seiner Rechtsprechung Sorge tragen.

iudex non facile recedere debet.

= Der Richter darf nicht leichthin abweichen.

Im angelsächsischen Rechtskreis wird ihm mahnend

stare decisis!

(= Am schon Entschiedenen festhalten!) zugerufen.

boni iudicis est lites dirimere.

= Eines guten Richters (Aufgabe) ist es, Streitfälle (lis = Zank, Streit) zu schlichten, die Streithähne friedlich zu trennen. Richter in der Arbeitsgerichtsbarkeit kommen mit ihrem Beruf nicht zurecht, wenn sie nicht 90 % der Prozesse friedlich lösen.

de fide et officio iudicis non recipitur quaestio.

= Über die Vertrauenswürdigkeit (fides) und Pflichterfüllung (officium) des Richters wird eine Anzweiflung nicht akzeptiert. Der Richter ist über jede Kritik erhaben, ist auch einer Haftung kaum unterworfen, vgl. § 839 Abs. 2 BGB.
Aber eine Ablehnung des Richters wegen Befangenheit gibt es schon!

facilius iudex quam testis rejicitur.

= Leichter wird ein Richter als ein Zeuge abgelehnt: Ein starker Hinweis darauf, wie wichtig das Vertrauen in die Unparteilichkeit des Richters ist. Über die Begrenzung seiner Macht:

lata sententia, iudex desinit esse iudex.

= Ist das Urteil gefällt (fero, tuli, latum = tragen, gewinnen, erzeugen), dann hört der Richter auf, Richter zu sein. Was er etwa an Kommentaren zum gefällten Urteil von sich gibt, hat keinerlei Rechtskraft (das war bei uns ein Problem zum Kruzifix-Urteil des Bundesverfassungsgerichts!, NJW 1995, 2477).

ne ultra petita!

Ist eine wichtige Regel vor allem im Zivilprozess (§ 308 Abs. 1 ZPO). Genauer

ne eat iudex ultra petita partium!

= Es gehe nicht der Richter hinaus über das Geforderte (petere = fordern) der Parteien. Die gestellten Anträge sind also die oberste Grenze für das, was durch Urteil zuerkannt werden darf. Bei unserem Schmerzensgeld ist diese Grenze aber inzwischen undeutlich geworden. In den USA gab es schon länger punitive damages in Zivilprozessen, jetzt auch bei uns als Sanktion gegen Diskriminierung.

nemo iudex in sua causa.

= Niemand (ist) Richter in eigener Sache. Hier wird das Grundprinzip der Unparteilichkeit angesprochen, ein frühes Erkennen der Inkompatibilität vgl. im Verbandsrecht: § 34 BGB. Leider ist in der Weltorganisation der UNO dies nicht anerkannt, im Sicherheitsrat hat auch *der* Staat ein Stimmrecht, über dessen Aggression zu entscheiden ist.
Eine ähnliche Ausformung:

nemo simul actor et iudex.

= Niemand ist zugleich (kann nicht sein) Kläger und Richter. Actor kommt von agere, egi, actum = handeln, hier: vor Gericht gehen. In der Nähe steht:

nullo actore nullus iudex.

= Wo kein Kläger, da kein Richter. Aber auch:

non omnis vox iudicis continet auctoritatem.

= Nicht jedes Wort (genauer: jede Stimme) des Richters enthält Autorität. Es wird angesprochen das Problem des

obiter dictum,

des nebenher Gesagten, was in der Urteilskritik die größte Rolle spielt.

non sufficit iudex sciat, sed ordine iurisdictione scire oportet.

= Nicht genügt es, dass der Richter (etwas) weiß, sondern nach der Ordnung (= ordo) des Prozesses (was ihm) zu wissen zukommt. Was verwertet werden darf, richtet sich nach ZPO und StPO, muss Gegenstand der Verhandlung gewesen sein.

pro iudice iura praesumunt.

= Für den Richter spricht das Recht, genauer: die Rechte (sumo = ich nehme hin, vgl. Konsum; praesumo = ich setze voraus, vermute). Es ist also das Prinzip der Rechtskraft, was hier angesprochen wird. Siehe auch:

contra rem iudicatam non audietur.

= Gegen eine (gerichtlich) entschiedene Sache wird niemand gehört. Oder auch:

interest rei publicae, ut sint fines litium.

= Ein Interesse des Staates ist, dass ein Ende von Streitigkeiten sei,

… res iudicatas non rescindi,

= dass die entschiedenen Fälle nicht wieder aufgehoben werden. Aber:

quod iudex non adiudicat, abiudicat.

= Was der Richter nicht zuspricht, das spricht er ab. „Im übrigen wird die Klage abgewiesen.“ lautet die entsprechende Urteilsformel.

Die

reformatio in peius

ist eine Veränderung zum Schlechteren. peius (neutrum, sonst peior) ist eine Steigerung von malus (-a, -um) = schlecht, letzte Steigerung: pessimus. Also:

reformatio in peius iudici appellato non licet.

= Eine Veränderung zum Schlechteren ist dem angerufenen Richter nicht erlaubt, er darf also nicht dem Verurteilten, der

Berufung eingelegt hatte, eine noch höhere Strafe aufbrummen, er ist vielmehr an die Anträge gebunden, vgl. §§ 331, 358 Abs. 2 StPO, 528, 557 ZPO.

Ein Heiligtum des Prozesses, die Rechtskraft, wird wie folgt angesprochen:

res iudicata ius facit inter partes.

= die Entscheidung in der Sache ist wie Recht zwischen den Prozessparteien. Oder sogar :

res iudicata pro veritate accipitur.

= Die Entscheidung in der Sache wird für Wahrheit (veritas) genommen, anerkannt.

2. lex (fem.) und Umgebung

Der harten Linie römischer Juristen entspricht es zu sagen

dura lex, sed lex. (vgl. Dig. 40, 9, 12, 1)

= Es ist ein hartes Gesetz, aber (immerhin) ein Gesetz.

Von englischen Juristen des Mittelalters sind schöne Bemerkungen überliefert, einige sollen hier aus „Latin for Lawyers“[7] zitiert werden.

lex est dictamen rationis.

= Gesetz ist ein Gebot der Vernunft.

lex est ratio summa, quae iubet quae sunt utilia et necessaria, et contraria prohibet.

---

7 *Hilton E. Jackson*, Latin for lawyers, Clark 2000.

= Gesetz ist hohe Vernunft, die gebietet, was nützlich und notwendig ist, und das Gegenteilige verbietet.

aequitas sequitur legem.

= Die Gerechtigkeit folgt dem Gesetz! So wird eine große Hoffnung ausgesprochen, auch

aequitas nunquam contravenit legi.

= Gerechtigkeit geht niemals gegen das Gesetz. Wir wissen, nach dem 20. Jahrhundert, nach Nazi-Zeit und DDR-Zeit, mehr über diese Problematik.[8] Denn:

auctoritas, non veritas, facit legem.

= Der Machthaber und Gesetzgeber, er schafft das Gesetz, nicht die Philosophie (die Wahrheit = veritas). Dieser alle Illusionen auflösende Satz stammt nicht von den Römern, sondern vom englischen Philosophen *Thomas Hobbes* (sein großes Buch Leviathan, 1651) und erinnert uns daran, dass man sich Gesetze noch so schön ausdenken kann, entscheidend ist aber die Kompetenz, sie in Kraft zu setzen. Hoffentlich stimmt der folgende Satz:

constat ad salutem civium inventas esse leges.

= Es stimmt, zum Wohl der Bürger werden Gesetze geschaffen. Die Richter brauchen Gesetze, um Recht zu sprechen.

erubescimus, cum sine lege loquimur.

= Wir Richter erröten, wenn wir ohne Gesetz sprechen. Soviel Rot kann es kaum noch geben, heute.

---

[8] Vgl. *Klaus Adomeit*, Gustav Radbruch – zum 50. Todestag, NJW 1999, S. 3465 ff.

Aber eine wichtige Voraussetzung, heute schwerer als jemals zu erfüllen:

leges ab omnibus intellegi debent!

= Die Gesetze müssen von allen verstanden werden oder doch verstanden werden können. Dazu stellte der römische Philosoph *Seneca* die ewig richtige Forderung an den Gesetzgeber:

leges breves esse oportet (quo facilius teneantur).

= Gesetzen geziemt es, kurz zu sein, damit sie leichter verstanden werden. Davon haben wir uns unheilvoll weit entfernt.

Über den Sinn der Gesetze ein schöner Satz von *Cicero*, dem leidenschaftlichen Republikaner:

legum denique idcirco omnes servi sumus, ut liberi esse possimus.

= Schließlich werden wir alle vom Gesetz beherrscht, sind dessen Sklaven (!), damit wir wirklich frei sein können.

Der Bürger möchte sich gern auf das Gesetz verlassen.

fortior est custodia legis quam hominis.

Stärker ist der Schutz des Gesetzes, als der des Menschen (=homo, -inis). Erst die Idee der Menschenrechte hat dies voll zur Entfaltung gebracht.

Der Schutzgedanke wird auch wie folgt ausgedrückt:

inde datae leges, ne firmior omnia posset.

= Dafür werden Gesetze geschaffen, damit der Stärkere nicht alles (machen) kann. Das ganze Arbeitsrecht lässt sich so erklären.

Aber, und zu Recht:

frustra legis auxilium quaerit, qui in legem committit.

= Vergeblich erfragt und sucht des Gesetzes Schutz, wer gegen das Gesetz verstößt.

melius agitur cum lege quam cum homine.

= Besser ist zu streiten mit dem Gesetz als mit einem Menschen.

Für die Geltung der Gesetze gibt es aber eine Grenze!

necessitas non habet legem.

Ein alter Satz: Not kennt kein Gebot! Wörtlich: Die Notwendigkeit hat kein Gesetz! Anders formuliert:

quod non licet in lege, necessitas facit licitum.

= Was nicht erlaubt ist im Gesetz, die Notwendigkeit erlaubt (es).

Grundlegend wichtig für das Strafrecht:

nulla poena sine lege!

= Keine Strafe ohne Gesetz! Erweitert durch nullum crimen sine lege (scriptum) = Kein Verbrechen ohne (geschriebenes) Gesetz.

Ganz im Gegensatz zu diesem rechtsstaatlichen Gedanken steht

princeps legibus solutus (rex facit legem).

= Der Fürst (Herrscher, Staatschef) ist von den Gesetzen (Ablativ!) losgelöst, befreit; der König schafft (sich sein) Gesetz. Und dies ist eine Einstellung, die noch zu unserer Zeit vertreten wurde und vertreten wird, etwa in den Auslassungen der letzten DDR-Verantwortlichen vor den Strafrichtern.

Eine Steigerung für autoritäres Denken – also ganz entgegen dem Denken der römischen Republik! – ist sogar noch:

quod principi placuit, legis habet vigorem.

= Was dem Herrscher gefällt, das hat Gesetzeskraft = Recht ist, was dem Führer bzw. dem Zentralkommitee der SED gefällt. Aus den Zeiten totalitärer Herrschaft fielen den später tätigen Staatsanwälten und Richtern schier unlösbare Aufgaben zu. Vielleicht fanden die nach Strafparagraphen suchenden Richter eine Bestätigung in

propter immanitatem criminis legem transgredi licet.

= Wegen der Ungeheuerlichkeit des Verbrechens ist es erlaubt, über das Gesetz (das es im Falle des DDR-Unrechts an der innerdeutschen Mauer gab!) hinauszugehen. Fragt sich nur, wie das mit Art. 103 Abs. 2 GG, dem Verbot der Rückwirkung von Strafgesetzen, zu vereinbaren ist. Vgl. dazu BVerfGE 95, 96 = NJW 1997, 929.

salus publica suprema lex.

= Das öffentliche Wohl ist das oberste Gesetz, ein schöner republikanischer Wahlspruch. Und dazu gehört ebenso

vis legibus inimica.

= Die Gewalt ist der Gesetze Feind. Vielmehr:

hominum causa omne ius constitutum est.

= Der Menschen willen ist alles Recht geschaffen. Und:

misera est servitus, ubi ius est vagum aut incertum.

= Übel ist ein Knechtschaft ähnlicher Zustand, wo das Recht schwankend und ungewiss ist.

Zum Ende vom Stichwort lex noch einige wichtige – bis heute wichtige! – Kollisionsregeln. Wenn verschiedene, sich widersprechende Gesetze auftreten, muss der Jurist entscheiden können: Was gilt? Bedeutsam ist das Verb derogare, eigentlich zurückfordern, in unserem Sinne aufheben; auf derogare folgt der Dativ.

	posterior		priori
lex	superior	derogat legi	inferiori
	specialis		generali

= Das spätere, höhere, spezielle Gesetz hebt das frühere, rangniedrigere, generelle Gesetz auf. So bestimmte schon *Modestinus*, Dig. 1, 4, 4:

posteriores leges plus valent quam quae ante eas fuerunt.

= Spätere Gesetze gelten stärker als die früheren. Schwer wird die Entscheidung, wenn es Binnenkollisionen zwischen den Kollisionsregeln gibt (lex posterior generalis non derogat priori speciali?) oder wenn zusätzliche Kollisionsregeln Geltung beanspruchen wie im Arbeitsrecht das *Günstigkeitsprinzip*.

3. agere, actio, actor, actus

agere = handeln, tun

Juristisch hat agere eine spezifische Bedeutung: klagen. actor = der Kläger. Der Beklagte oder Angeklagte = reus, für den der berühmte Satz gilt:

in dubio pro reo

= Im Zweifel für den Angeklagten (Beklagten).

Wo kein Kläger ist, da ist auch kein Richter:

nemo iudex sine actore; nullo actore nullus iudex.

Niemand kann zugleich Kläger und Richter sein:

nemo simul actor et iudex.

Wenn der Beklagte eine Einwendung (= exceptio) erhebt, dann wird er als Kläger behandelt, trägt also die entsprechende Beweislast:

reus excipiendo fit actor.

Sonst aber, generell:

actori incumbit onus probandi.

= Dem Kläger fällt die Beweislast zu. Wir sagen heute genauer, jeder Partei obliegt die Beweislast für die Voraussetzungen der Norm, die für sie streitet. Also gilt: Wenn der Kläger nicht (die klageerheblichen Tatsachen) bewiesen (beweisen = probare) hat, wird der Beklagte freigesprochen:

actore non probante reus absolvitur.

Oder:

cum sunt partium iura obscura, reo favendum est potius quam actori.

= Wenn die Rechte der Parteien dunkel sind, ist eher dem Beklagten als dem Kläger zuzustimmen.

actor sequitur forum rei.

= Der Kläger folgt dem Gericht(-sort) des Beklagten, hat ihn also an dessen Wohnort zu verklagen, § 13 ZPO.

Die Klage = actio. Dieser Begriff hatte im römischen Zivilrecht große Bedeutung. Wir heute denken vom materiellen Recht, vom z.B. im BGB geregelten Anspruch her. Damals war nicht, wie bei uns, jede auf das materielle Recht gestützte Klage zugelassen, sondern nur, wenn sie einer der vom Praetor, dem obersten Gerichtsherrn, anerkannten Klageformeln entsprach, z.B. die

actio empti

= die Klage des Käufers (= emptor) gegen den Verkäufer (= venditor) auf Lieferung. Heute ist der entsprechende Anspruch in § 433 Abs. 1 S. 1 BGB geregelt.

Oder die

actio negatoria

= Klage des Eigentümers auf Unterlassung oder Beseitigung von Besitzstörungen, so wird noch heute der Anspruch aus § 1004 BGB bezeichnet.

In der späteren Entwicklung hat sich also actio von der nur prozessualen Bedeutung gelöst und darf dann mit Anspruch im materiell-rechtlichen Verständnis übersetzt werden. Ursprünglich aber galt:

agens sine actione a limine iudicii repellitur.

= Wer klagt ohne actio wird von der Schwelle des Gerichts (hier: iudicium) verwiesen, seine Klage ist unzulässig.

Eine zulässige Klage bietet dagegen günstige Aussichten, darf jedenfalls rechtlich nicht zum Nachteil wirken:

agendo nemo causam suam facit deteriorem.

= Wer klagt, macht seine Sache (Rechtsstellung) nicht schlechter. Eine erhobene Klage verhindert die Verjährung des Anspruchs.

Ist die Klage nicht möglich, läuft die Verjahrungsfrist nicht (§§ 203 ff. BGB):

agere non valenti non currit praesumtio.

= Dem Klagen-nicht-Könnenden läuft die Verjährung nicht.

Dagegen kann das Versäumnis der Klageerhebung die an sich stärkere Stellung des Eigentümers gegenüber dem Besitzer – dessen Herausgabeanspruch gemäß § 985 BGB heute noch immer nach der römischen Klage rei vindicatio genannt wird – auflösen:

longa possessio parit ius possidenti et tollit actionem vero domino.

= Langer Besitz schafft dem Besitzenden ein Recht und hebt auf das Klagerecht dem wahren Eigentümer.

Zweimal in derselben Rechtssache gibt es keine Klage:

bis in eadem re ne sit actio.

Auch nicht aus einem verbotenen Geschäft:

ex pacto illicito non oritur actio.

Auch nicht aus einer Sittenwidrigkeit:

ex turpi causa.

Es fußen die §§ 134, 138 BGB auf alten Fundamenten.

Die Entwicklung der actio zum Anspruch belegt eine kluge Stelle des Juristen *Paulus* (Dig. 50, 17, 15):

Is, qui actionem habet ad rem reciperandam, ipsam rem habere videtur.

= Wer den Anspruch hat, eine Sache wiederzuerlangen, wird so angesehen, als habe er die Sache selbst. Juristisch folgen daraus

Möglichkeiten, die Übergabe der Sache durch Abtretung des Herausgabeanspruchs zu ersetzen, vgl. § 931 BGB. Auch die Vollstreckung ist, statt in die Sache, in den Anspruch auf die Sache möglich. Also schon richtige Rechtswissenschaft!

Entwickelt war auch schon, dass eine dingliche Sicherung das Erlöschen des schuldrechtlichen Anspruchs überdauern kann:

vincula pignoris durant personali actione submota.

= Die Fesseln des Pfandes überdauern das Aufgehobensein des persönlichen Anspruchs („dingliche Haftung“).

Das juristische agere war zuerst ein Handeln vor Gericht, besonders deutlich im Zwölf-Tafel-Gesetz (450 v. Chr.), später emanzipiert es sich zum freischwebenden Rechtsgeschäft. Am Anfang stand das Prozessrecht, materielles Recht war eine Abstraktion, kam lange danach. In dem mittelalterlichen Satz

actus judicialis potentior est extrajudiciali.

(= Eine Rechtshandlung vor Gericht ist stärker als eine außergerichtliche.) erfährt man noch von dieser Vorzugsstellung.

Über den Begriff actio kommt man wie gesagt in unsere Lehre vom Rechtsgeschäft.

non servata forma corruit actus.

= Ist die Form nicht eingehalten, verendet das Rechtsgeschäft, vgl. § 125 BGB.

actus simulatus nullus est.

= Das Scheingeschäft ist nichtig, vgl. § 117 BGB.

actus contrarius

ist der gegenteilige Rechtsakt, der Aufhebungsvertrag.

Im Recht der Stellvertretung war das römische Recht nicht weit gediehen, bis heute ist im romanischen Rechtskreis eine klare Unterscheidung von Innen- und Außenverhältnis nur mit Mühe feststellbar. Es war nur eine Annäherung zu sagen

actus me invito non est meus actus.

= Ein Rechtsgeschäft, gegen meinen Willen getätigt, ist nicht mein Rechtsgeschäft, nicht mir zuzurechnen.

actio kann auch schlicht Handlung bedeuten, so bei der

actio libera in causa,

also der Handlung, die wenigstens im Ursprung frei war, vgl. dazu das Trunkenheitsdelikt, § 323a StGB.

agendum est!

ist das Programm für die Aufgaben des Tages. Berühmt geworden ist die „Agenda 2010" des Bundeskanzlers *Schröder*.[9]

---

[9] Dazu *Klaus Adomeit*, Die Agenda 2010 und das Arbeitsrecht, 2004.

II. Anhang: Aus römischer Grammatik

Regeln zu ius, lex, causa			
Singular			
Nominativ	ius	lex	causa
Genitiv	iuris	legis	causae
Dativ	iuri	legi	causae
Akkusativ	ius	legem	causam
Ablativ	iure	lege	causa
Plural			
Nominativ	iura	leges	causa
Genitiv	iurum	legum	causarum
Dativ	iuribus	legibus	causis
Akkusativ	iura	leges	causas
Ablativ	iuribus	legibus	causis

Regeln zu agere, egi, actum				
	Präsens	*Imperfekt*	*Perfekt*	*Futur*
ich	ago	agebam	egi	agam
du	agis	agebas	egisti	ages
er, sie, es	agit	agebat	egit	aget
wir	agimus	agebamus	egimus	agemus
ihr	agitis	agebatis	egistis	agetis
sie	agunt	agebant	egerunt	agent

Regeln zu esse = sein				
	Präsens	*Imperfekt*	*Perfekt*	*Futur*
ich	sum	eram	fui	ero
du	es	eras	fuisti	eris
er, sie, es	est	erat	fuit	erit
wir	sumus	eramus	fuimus	erimus
ihr	estis	eratis	fuistis	eritis
sie	sunt	erant	fuerunt	erunt

Regeln zu den Adjektiven		
longus, -a, um = lang	longior, -ior, ius = länger	longissimus, -a, -um (der, die, das) längste
brevis, -is, -e = kurz u.s.w.	brevior, -ior, ius	brevissimus, -a, -um
bonus = gut	melior, -ius	optimus, -a, -um
malus = schlecht	peior, -ius	pessimus
magnus = groß	maior, -ius	maximus
parvus = klein	minor, minus	minimus
multus = viel	plus	plurimus
exter = außen	exterior, -ius	extremus
superus = oben	superior, -ius	Supremus (oder: summus)
ulter = fern	ulterior, -ius	ultimus
prope = nah	propior, -ius	proximus

III. Kleines ABC römischer Fachbegriffe und Redewendungen

A

aberratio ictus (gesprochen: ictuus)	Abirren des Schlages StR: der Deliktserfolg tritt bei einer anderen Person oder bei einem anderen Objekt ein, als dies vom Täter geplant war
ab initio	von Beginn an → ab ovo
ab intestato	ohne Testament ZR: Eintritt der gesetzlichen Erbfolge, weil kein (wirksames) Testament vorhanden ist
ab ovo	vom Ei her von Beginn an → ab initio
absolutio	Freisprechung
abusus	Missbrauch
~ non tollit usum (sed confirmat substantiam)	Missbrauch hebt den (rechten) Gebrauch nicht auf (sondern er bestätigt das Wesen) Regel gegen die allgemeine Neigung (von Juristen und Politikern), etwas verbieten zu wollen, nur weil die Gefahr des Missbrauchs besteht.
accidentalia negotii	unwesentliche Bestandteile eines Rechtsgeschäfts Nebenbestimmungen, zusätzliche Vereinbarungen; ↔ essentialia negotii

accusatio	Anklage, Klage
accessio	Zuwachs, das Hinzukommen, Hinzufügen vgl. §§ 946–948 BGB
acquisitio	Erwerb
actio	Handlung; Klage von agere = handeln, i.e.S. rechtlich handeln; → I.3. Einstieg
~ illicita in causa	Handlung, die (ihrem) Grunde nach unerlaubt ist StR: Handelnder hat Notwehrsituation pflichtwidrig herbeigeführt und soll sich dadurch selbst strafbar gemacht haben; Notwehrprovokation; problematische, umstrittene Konstellation; in BGH NJW 2001, 1075 angewendet
~ libera in causa	Handlung frei in (ihrer) Ursache StR: Die den Erfolg verursachende Handlung erfolgte im Zustand der Schuldlosigkeit, wurde aber schuldhaft herbeigeführt, z.B. Betrinken. Bezeichnung für problematische Konstellation, keine „Rechtsfigur" (würde als nachteilige Belastung gegen Art. 103 Abs. 2 GG verstoßen).
~ negatoria	Verneinungsklage ZR: Eigentumsfreiheitsklage, § 1004 BGB; Anwendung insb. bei nachbarschaftlichen Konflikten
actus contrarius	entgegengesetzter Rechtsakt Rechtsakt, der einen früheren aufhebt; heute insb. Rechtsprechung im Verwaltungsrecht *Beispiel: Erstattungsanspruch als Kehrseite des Leistungsanspruchs*

ad absurdum (ducere) ...	zum Sinnlosen (führen) bewährte Möglichkeit der Argumentation
ad acta	zu den Akten, weglegen!
ad hoc	zu diesem, diesen Fall betreffend
ad incertam personam	an eine unbestimmte Person (gerichtet) ZR: Rechtsgeschäftslehre; Angebot muss grundsätzlich Adressat(en) erkennen lassen (Aspekt der Bestimmtheit) – Ausnahme hier, weil dem Antragenden der Vertragspartner gleichgültig ist *Beispiele: Fahrkartenautomat, Selbstbedienungstankstelle*
ad rem	(Anspruch) auf eine Sache
ad turpia nemo obligatur	Zu Sittenwidrigem kann niemand verpflichtet werden.
adulterium	Ehebruch
advocatus	Rechtsbeistand, Anwalt
advocatus diaboli	Vertreter des Teufels bringt die bösen Argumente vor
aequus, -a, -um	gerecht, billig
aequitas	das Gerechte, Billige
affirmanti incumbit probatio, non neganti ...	Dem Behauptenden obliegt der Beweis, nicht dem Bestreitenden. ProzessR: Beweislastverteilung – bestimmt sich aus Vorschriften des materiellen Recht; Folge des Beibringungsgrundsatzes *Beispiel: Begehrt ein Verkäufer Kaufpreiszahlung, muss er die Tatsachen, die das Zustandekommen eines wirksamen Vertrages begründen, beweisen.*

alius (m.), alia (f.), aliud (n.)	ein anderer, eine andere, etwas anderes ZR: aliud-Lieferung steht im Kaufrecht einem Sachmangel gleich, § 434 Abs. 3 BGB
altera pars	der andere Teil, die Gegenpartei ProzessR → audiatur
animus	Absicht, Wille
~ auctoris	Wille des Handelnden, Täterwille
~ socii	Teilnehmerwille StR: subjektive Theorie zur Abgrenzung zwischen Täterschaft und Teilnahme
~ domini	Wille des Eigentümers
~ donandi	Schenkungsabsicht
~ testandi	der Wille zu testieren
appellatio	Berufung ProzessR: Rechtsmittel zur Überprüfung einer erstinstanzlichen Entscheidung
a posteriori	vom Nachhinein (gesehen)
a priori	vom Früheren (her gesehen); von vornherein logisch unbestreitbar
arbiter	Schiedsrichter
arbitrium	Schiedsspruch
arbitrium iudicis	richterliches Ermessen relevant bei Anwendung des Gesetzes; Problem der Willkür
argumentum	Beweismittel, Beweisgrund, Merkmal
~ a maiore ad minus	Folgerung vom Größeren auf das Kleinere *Beispiel: Kann man ein Arbeitsverhältnis nach § 626 BGB aus wichtigem Grund fristlos kündigen, dann auch aus gleichem Grund fristgemäß.*

~ a minore ad maius .... Folgerung vom Kleineren auf das Größere

Beispiel: § 622 BGB sieht bestimmte Kündigungsfristen für Arbeitsverhältnisse vor, die eingehalten werden müssen. Erst recht kann mit längeren Fristen gekündigt werden.

~ e contrario .... Folgerung auf das Gegenteil, Umkehrschluss

MethodenL: Aus einer planmäßigen Lücke wird gefolgert, dass der ungeregelte Sachverhalt nicht durch Analogieschluss mit Rechtsfolge einer vorhandenen Norm gelöst werden darf.

Beispiel: § 1601 BGB begründet die Unterhaltspflicht für Verwandte in gerader Linie (Kinder, Eltern). Für Geschwister gibt es keine Norm. Diese Lücke ist planmäßig. Deshalb gibt es keine Unterhaltspflicht unter Geschwistern.

Weiteres Beispiel: Gebrauchsanmaßung im Strafrecht, sofern kein Fahrzeug (hierfür: § 248b StGB). Es ist insb. auch das Analogieverbot zu beachten, § 1 StGB, Art. 103 Abs. 2 GG.

~ e silentio .... Folgerung aus dem Schweigen

in allgemeiner Argumentationslehre = (unseriöses) Weglassen von Informationen; in juristischer MethodenL hingegen andere Verwendung, nämlich bezogen auf das Schweigen des Gesetzes

Beispiel: Fehlen einer (ausdrücklichen) Kostenvorschrift für Rechtsanwaltsgebühren führte zur Abweisung des Antrags auf Erstattung durch das Sozialgericht Gießen, Aktenzeichen S 29 AS 460/14, Rn. 26

ascendentes	Aszendenten FamilienR: Verwandte in aufsteigender Linie, d.h. Eltern, Großeltern u.s.w.; Gegensatz: Abkömmlinge
auctor	Urheber, Rechtsvorgänger, Gewährsmann
audiatur et altera pars!	Es möge auch gehört werden die andere Partei! ProzessR: Anspruch auf rechtliches Gehör, Art. 103 Abs. 1 GG
auxilium ante delictum; in delicto; post delictum	Beihilfe vor der Tat; während der Tat; nach der Tat StR: Beihilfe (§ 27 StGB) ist in verschiedenen Stadien der Tat möglich, nicht jedoch (strafrechtlich relevant) nach der Tat

B

beati possidentes	die glücklichen Besitzenden ZR: beim Streit um das Eigentum wird derjenige rechtlich bevorzugt, der den Besitz hat, gegenüber demjenigen, der ihn will, vgl. § 1006 BGB
bellum iustum/iniustum	der gerechte/der ungerechte Krieg VölkerR: Beurteilung, ob die Anwendung militärischer Gewalt erlaubt/geboten ist; → casus belli
bene docet, qui bene distinguit	Gut lehrt, wer richtig unterscheidet.
beneficium (iuris)	Wohltat, Vergünstigung, Schutz (des Rechts)
~ excussionis	Rechtswohltat der Entschuldigung ZR: Einrede des subsidiär verpflichteten Schuldners (Bürge); er kann

verlangen, dass der Gläubiger zuerst versuchen muss, die Forderung beim Hauptschuldner einzutreiben; § 771 BGB; im deutschen Recht nicht umgesetzt wurde die entsprechende Einrede hinsichtlich des Pfandes

~ iuris nemini est denegandum .... Der Schutz des Rechts darf niemandem verweigert werden.
ÖR: Grundrecht; Recht jedes Bürgers, vor unabhängigen Gerichten sein Recht geltend machen zu können, vgl. Art. 19 Abs. 4, 103 GG

~ inventarii .... Rechtswohltat des Inventars
ErbR: Verzeichnis der Erbschaftsgegenstände führt zu beschränkter Haftung des Erben, vgl. §§ 1993 ff. BGB

benigna interpretatio .... wohlwollende Auslegung
ErbR: Grundsatz bezogen auf letztwillige Verfügungen, vgl. § 2084 BGB

bilateralis .... zweiseitig

bona fide .... in gutem Glauben ↔ mala fide
ZR: subjektives Unrechtsbewusstsein fehlt; vielfach Schutz des Gutgläubigen, vgl. §§ 892, 932 ff., 2366, 135 f. BGB, § 366 HGB; im römR weiter, eher mit Treu und Glauben (vgl. § 242 BGB) zu übersetzen

bona fides praesumitur guter Glaube wird vermutet
ZR: ebenso in § 932 Abs. 1 BGB; Zusammenhang: Übereignung beweglicher Sachen, Vertrauensschutz

boni mores .... die guten Sitten
vom Recht grundsätzlich verschieden, aber rechtliche Relevanz möglich: §§ 138 Abs. 1, 242, 817, 826 BGB

bonorum communio ..... Gütergemeinschaft
FamR: Teil des ehelichen Güterrechts, wird durch Ehevertrag begründet, vgl. §§ 1415 ff. BGB

bonum (commune, publicum) .... das Gute, das Gut, das Wohl (das Gemeinwohl, Staatswohl)

bona .... die Güter, das Vermögen

bonum et aequum .... das Gute und Gerechte

brevi manu (traditio) .... kurzerhand (Übergabe)
ZR: die für die Übereignung beweglicher Sachen grundsätzlich erforderliche Übergabe wird entbehrlich, wenn der Erwerber bereits Besitz hat, vgl. § 929 S. 2 BGB

C

caput .... Kopf, Haupt
StR: Kapitalverbrechen sind solche, die ursprünglich mit dem Tode bestraft wurden.

casum sentit dominus .. Den Zufall fühlt der Eigentümer.
ZR: Wenn es keine haftungsbegründende Norm gibt, trägt der Eigentümer den Schaden an seinem Gute.

casus .... (Rechts-)Fall, Zufall, Zwischenfall, Vorfall

~ belli .... Kriegsgrund, Kriegsfall
VölkerR: Vorfall bzw. Eintreten der Bedingungen, die als unmittelbarer Auslöser für einen Krieg → bellum (iustum) betrachtet werden.

~ foederis .... Bündnisfall
VölkerR: Verpflichtung eines Staates, aufgrund eines militärischen Bei-

	standsvertrages in einen Krieg einzutreten, z.B. Art. 5 NATO-Vertrag.
causa (credendi/ donandi/solvendi)	(Rechts-)Grund (der Geldverleihung/ der Schenkung/der Erfüllung)
cautio	Sicherheitsleistung, Kaution
caveat emptor	Der Käufer sei wachsam. im römR und alten deutschen Recht („Augen auf, Kauf ist Kauf") war die Gewährleistung für erkennbare Mängel ausgeschlossen; heute hingegen hat der Käufer keine Untersuchungspflicht; genauer → V.
certus, -a, -um	sicher, das (genau) Bestimmte
cessante ratione legis, cessat lex ipsa	Wenn der Sinn des Gesetzes wegfällt, wird das Gesetz ungültig.
cessio (legis)	(gesetzliche) Abtretung, Zession
cessionarius utitur iure cedentis	Der Abtretungsempfänger gebraucht das Recht des Abtretenden. vgl. § 404 BGB
ceteris paribus	das Übrige gleichbleibend, unter sonst gleichen Umständen
cf. = confer	vergleiche!
civis	Bürger → ius civile
civitas sibi faciat civem!	Die Bürgerschaft möge selbst bestimmen, wer Bürger ist.
clausula rebus sic stantibus	Bestimmung (Vorbehalt) der gleichbleibenden Umstände ZR: typische Klausel in Verträgen; Änderung der Umstände führt zu Wegfall der Geschäftsgrundlage, gesetzlich in § 313 BGB geregelt

codex	(Gesetz-)Buch, Gesetzessammlung; daher kodifizieren = Gesetzbuch machen
cognatio	Blutsverwandtschaft
commodum	Nutzen, Vorteil
~ ex negotiatione	~ aus einem Geschäftsabschluss
commorientes	zusammen Gestorbene vgl. § 11 Verschollenheitsgesetz; Konsequenzen vor allem im ErbR
communis opinio	allgemeine Ansicht, allgemeine herrschende Meinung
compensatio	Aufrechnung
~ lucri cum damno	Aufrechnung des Vorteils mit dem Schaden ZR: Vorteilsanrechnung im Schadensrecht
conceptio	Empfängnis
conclusio	(logischer) Schluss, Konklusion
concursus creditorum ...	Zusammenlauf der Gläubiger bis 1999 hieß die Zahlungsunfähigkeit auch in Deutschland Konkurs; heute noch umgangssprachlich für Insolvenz
condemnatio	Verurteilung
condicio	Bedingung, Lage, Verhältnis, Verabredung = klassisches Latein, erst im Mittelalter und vor allem im Juristenlatein hat sich → conditio eingebürgert
~ potestiva	vom Willen (einer Vertragspartei) abhängige ~
~ sine qua non	~ ohne die nicht (der Erfolg) eingetreten wäre
~ suspensiva	aufschiebende ~
~ resolutiva	auflösende ~

condictio .... Kondiktion, von condicere = etwas verabreden, übereinkommen; juristisch: kündigen, aufkündigen, zurückfordern
Name einer Herausgabeklage im römischen Recht mit verschiedenen Tatbeständen, die soweit sie noch heute relevant sind im Folgenden aufgeführt werden; daraus entwickelte sich das heutige Recht der Ungerechtfertigten Bereicherung, §§ 812 ff. BGB, das immer noch sog. Kondiktionenrecht

~ indebiti .... Herausgabe des nicht Geschuldeten
vgl. § 812 Abs. 1 S. 1 1. Fall BGB

~ ob causam finitam .... Herausgabe wegen fortgefallenen Rechtsgrundes
vgl. § 812 Abs. 1 S. 2 1. Fall BGB

~ ob rem; ~ ob causam datam; ~ causa data, causa non secuta .... Herausgabe aufgrund des Geleisteten (Rechtsgrund gegeben, aber nicht eingetreten)
vgl. § 812 Abs. 1 S. 2 2. Fall BGB

~ ob turpem vel iniustam causam .... Herausgabe wegen Sittenwidrigkeit oder Gesetzesverstoßes
vgl. § 817 S. 1 BGB

~ possessionis .... Besitzkondiktion

~ sine causa .... Herausgabe (des) ohne Grund (Geleisteten)
vgl. § 812 Abs. 1 S. 1 BGB

conditio (iuris)............. (Rechts-)Bedingung
besser → condicio

condominium .... Miteigentum

confessio .... Geständnis

confirmatio .... Bestätigung

confiscatio	Einziehung
coniuratio	Verschwörung
consensus	Willensübereinstimmung, Konsens
consensu omnium	durch Übereinstimmung aller; einstimmig
consilium	Überlegung, Ratschlag, Rat (auch als Kollegium)
consortium	Gemeinschaft
constitutum	Verabredung, Verfügung
~ possessionis	Besitzkonstitut vgl. § 930 BGB
constitutio	Verfassung (eines Gemeinwesens); Beschaffenheit, Zustand; Feststellung (des Streitobjekts)
consuetudo	Gewohnheit(srecht) Verbindlichkeit ungeschriebenen Rechts aufgrund allgemeiner Übereinkunft und langen Gebrauchs Grundlage für die Geltung des römR in Deutschland bis 1900; heute noch z.B. in § 346 HGB erwähnt; besondere Bedeutung im VölkerR
consum(p)tio	Verbrauch ZR: führt zum Erlöschen, Untergang eines Rechts
consumptor	Verbraucher nicht etwa „consumator", vgl. *Adomeit*, JZ 2006, 557
contractus	Vertrag, von contrahere = zusammenziehen
contractus innominatus	Innominatkontrakt, unbenannter Vertrag im römR gab es noch keine Formfreiheit, aber die (spätklassisch) anerkannte Verpflichtung zur Erfüllung nach erfolgter Vorleistung; → datio

	ob rem; Gegensatz z.B. Kaufvertrag, der einen eigenen Namen (→ emptio venditio) hatte
contradictio	Widerspruch ProzessR: ein Verfahren oder Urteil ist kontradiktorisch, wenn die Parteien sich mit gegensätzlichen Anträgen streiten; ↔ nicht-/unstreitiges Verfahren wegen Säumnis oder etwa im Strafprozess
contra legem	gegen des Gesetz
contra proferentem	gegen den Hervorbringenden Auslegungsregel: unklare Erklärungen oder Klauseln sind zu Lasten desjenigen auszulegen, der sie verfasst hat, d.h. er trägt das Risiko eines Missverständnisses mehrdeutiger Formulierungen, vgl. § 305c Abs. 2 BGB
conventio	Übereinkunft, Vertrag, Konvention
contrarius actus	aufhebendes Rechtsgeschäft
coram publico	vor dem Volk, öffentlich
corpus delicti	Gegenstand des Verbrechens, Beweisgegenstand
creditor	Gläubiger
creditum	Schuld, Darlehen
crimen	Verbrechen, Vergehen → nullum crimen
cui bono?	Wem kommt es zugute? = derjenige, der am ehesten im Verdacht steht, ein Verbrechen begangen zu haben
culpa (lata/levis)	i.w.S. Schuld, i.e.S. Fahrlässigkeit (grobe/leichte)
~ in contrahendo	Verschulden beim Vertrag schließen

	ZR: begründet Schadensersatzanspruch; bis 2002 gesetzlich nicht geregelt, vgl. jetzt § 311 II BGB
~ in custodiendo	Verschulden beim Beaufsichtigen ZR: begründet Schadensersatzanspruch wegen Verletzung des Verwahrungsvertrages; bei unentgeltlicher Verwahrung nur Haftung für Sorgfalt wie in eigenen Angelegenheiten vgl. § 690 BGB
~ in eligendo	Auswahlverschulden ZR: führt zur Haftung für die schädigenden Handlungen eines Gehilfen, z.B. beim Auftrag gemäß § 664 I 2 BGB; keine Zurechnung von fremden Verschulden wie bei § 278 BGB, sondern Vorwurf des eigenen Verschuldens
cum grano salis	mit einem Körnchen Salz Redewendung, gemeint: nicht ganz wörtlich, mit Abstrichen ernst zu nehmen; Verwendung z.B. bei Argumentation, die übertreibt
c.l. = cum laude	mit Lob Notenstufe, insb. bei Doktorarbeit
cum spe	mit Hoffnung nach Vertretung einen Lehrstuhl bzw. eine feste Professorenstelle zu bekommen; ↔ sine spe
c.t. = cum tempore	mit Zeit 15 Minuten später als die angegebene Zeit = akademisches Viertel; Gegensatz → s.t.
cura	Sorge, Fürsorge, Sorgfalt, Pflegschaft
curator (bonorum)	Pfleger (Insolvenzverwalter)
CV = curriculum vitae	Laufbahn, Lebenslauf

custodia .... Aufsicht, Gewahrsam
→ culpa in custodiendo

D

da mihi factum,
dabo tibi ius .... Gib mir die Tatsache, ich werde dir das Recht geben.
ProzessR: Arbeitsteilung beim Gericht zwischen Partei und Richter, d.h. Parteien müssen keine Rechtsansichten mitteilen; vgl. auch → iura novit curia

damnatio .... Verurteilung

damnum (extra rem) .... Schaden (Folge-)

datio .... das Geben

datio ob rem .... das zu einem bestimmten Zweck Gegebene
ZR: wenn der bezweckte Erfolg nicht eintritt, dann kann das Gegebene mit der → condictio ob rem zurück gefordert werden

datio in solutum .... Leistung an Erfüllungs statt
ZR: Leistungspflicht erlischt grundsätzlich erst durch Bewirken der geschuldeten Leistung; ausnahmsweise erlischt die Leistungspflicht auch dann, wenn der Gläubiger eine andere als die geschuldete Leistung als Erfüllung annimmt, § 364 Abs. 1 BGB
Beispiel: Käufer eines Neuwagens gibt seinen alten Pkw unter Anrechnung auf den Kaufpreis in Zahlung.

de auditu .... vom Hörensagen
ProzessR: Zeuge vom Hörensagen ist jemand, der vor Gericht als Zeuge

	darüber aussagt, was jemand anderes ihm gegenüber geäußert hat.
debitor	Schuldner (debere = schulden)
debitum proprium/ alienum	eigene/fremde Schuld
de facto	tatsächlich ↔ de iure
de iure	rechtlich ↔ de facto
defensio	Verteidigung
de lege ferenda	über ein erst zu erlassendes Gesetz rechtspolitische (!) Bezeichnung für eine Rechtssituation, die aktuell (noch) nicht existiert, aber als wünschenswert für die Zukunft erscheint oder sogar bereits geplant ist
de lege lata	über ein erlassenes Gesetz juristische (!) Bezeichnung für die aktuell geltende Rechtssituation im Gegensatz zu einer rechtlichen Situation, die erst noch durch Gesetzesänderung herbeigeführt werden müsste (→ de lege ferenda)
depositum	Verwahrung, Hinterlegung römR: unentgeltliche Aufbewahrung einer Sache; der Vertrag kam durch Übergabe der Sache zustande (Realkontrakt) ZR: heute einseitig verpflichtender Vertrag nach §§ 688 ff. BGB
depositum irregulare	Darlehen aus Hinterlegung vgl. § 700 BGB
desuetudo	Entwöhnung, außer Gebrauch kommen ↔ consuetudo
detentio	Innehabung einer Sache

	ZR: tatsächliche Macht über eine Sache, ohne diese Sache für sich haben zu wollen (Gewahrsam)
dicta et promissa	zugesagte und versprochene (Eigenschaften einer Kaufsache) ZR: Eigenschaften einer Kaufsache können vereinbart werden, sodass bei Nichtvorliegen einer vereinbarten Eigenschaft ein Sachmangel nach § 434 BGB vorliegt; Eigenschaftszusicherung führt zu verschuldensunabhängiger Einstandspflicht für das Nichtvorliegen der Eigenschaft; Abgrenzung zur Garantie
dictum de omni et nullo	Gesagtes von allem und keinem, gemeint: unklarer Satz
dies (a quo/ad quem) ...	Tag, Termin (Anfangs-/Endtermin)
dies interpellat pro homine	Der Termin mahnt für den Menschen. vgl. § 286 Abs. 2 BGB
diligentia quam in suis (rebus adhibere solet)	Sorgfalt, die man in eigenen (Angelegenheiten einzuhalten pflegt) vgl. § 277 BGB; verringerter Sorgfaltsmaßstab im Verhältnis zu § 276 BGB
docendo discimus.	Indem wir lehren, lernen wir.
docta ignorantia	gelehrte Unwissenheit
doctorandus	wer an seiner Dissertation sitzt
doctor (utriusque) iuris	Doktor des Rechts (beider Rechte, des kirchlichen und des weltlichen)
dolo agit, qui petit, quod statim redditurus est.	Arglistig (mit dolus) – also unzulässig – klagt, wer fordert, was sofort wieder zurückzugeben ist.

	ZR: unter § 242 BGB gefasste Einrede der Arglist *Beispiel: Der Eigentümer fordert eine Sache vom Anwartschaftsberechtigten heraus, der aber bald darauf Volleigentum erlangen wird und dem dann die Sache endgültig zusteht.*
dolus eventualis	Vorsatz mit Inkaufnehmen eines Erfolges ↔ dolus directus StrafR: insgesamt drei Grade von Vorsatz; dolus eventualis genügt in der Regel mangels anderer gesetzlicher Anforderung
dominus	Herr, Eigentümer
donatio	Schenkung
~ ad pias causas	~ zu frommen Zwecken
~ inter vivos..................	~ unter Lebenden → negotium inter vivos
~ mortis causa	~ auf den Todesfall ZR: Rechtsgeschäft wird zwar zu Lebzeiten abgeschlossen, die den Leistungsempfänger unentgeltlich begünstigende Wirkung soll jedoch erst nach dem Tod des Zuwendenden eintreten, vgl. § 2301 BGB und → negotium mortis causa
dos	Mitgift
do ut des	Ich gebe, damit du (mir) gibst. ZR: Prinzip des Austausches, des Synallagmas; Gegenseitigkeit des Austauschvertrages, vgl. § 320 BGB *Beispiel: Zahlungspflicht und Pflicht zur Übergabe und zur Übereignung beim Kaufvertrag, vgl. § 433 BGB*

do ut facias .... Ich gebe, damit du (etwas Bestimmtes) tust.
römR → contractus innominatus mit Handlung als Gegenleistung

dura lex sed lex .... Ein hartes Gesetz, aber (immerhin!) ein Gesetz.
Auch starre und strenge Gesetze sind einzuhalten; es bleibt die Hoffnung auf (gesetzliche) Milderungen.

E

emancipatio .... Emanzipation, Freilassung
Entlassung aus der → patria potestas

emptio venditio .... Kauf Verkauf, das Kaufgeschäft
gehörte im römR zu den gegenseitigen Verträgen mit eigenem Namen (↔ Innominatkontrakt); wurde nach beiden Hauptleistungspflichten benannt, drückt das Gegenseitigkeitsverhältnis (Synallagma) aus; Konsensualvertrag, d.h. Zustandekommen durch reine Willensübereinstimmung, ohne besondere Form; vgl. noch heute im spanischen Recht „compra y venta“

emptio rei speratae .... Kauf einer erhofften (noch nicht existierenden) Sache
nicht zu verwechseln mit der → emptio spei

Beispiel: die nächste Ernte

eo ipso .... von selbst

emptio spei .... Hoffnungskauf
Gegenstand des Kaufvertrags ist eine Gewinnaussicht; Gewährleistung ist ausgeschlossen; Leistungspflicht =

	Einräumung einer bei Vertragsabschluss bestehenden Erwerbsaussicht
	Beispiel: Spiel- oder Losgemeinschaft
erga omnes	(Geltung) gegenüber allen ZR: absolute Rechte wirken gegenüber jedermann, insb. im Sachenrecht das Eigentum, schuldrechtliche Verträge wirken nur relativ; ↔ inter partes
errare humanum est.	Irren ist menschlich.
error	Irrtum
~ facti	Tatsachenirrtum
~ in obiecto	Irrtum über einen Gegenstand
~ in persona	Irrtum über eine Person
~ iuris	Rechtsirrtum ZR: gewisse Irrtümer berechtigen zur Anfechtung eines Rechtsgeschäfts, vgl. §§ 119 ff. BGB; Rechtsirrtümer sind grundsätzlich unbeachtlich
~ iuris non nocet.	Ein Irrtum über das Recht schadet nicht. D.h. er hinderte im römR nicht die Verurteilung; vgl. auch → ignorantia facti; dagegen heute § 17 StGB (Verbotsirrtum)
essentialia negotii	wesentliche Bestandteile eines Rechtsgeschäfts ZR: Einigung über diese ist Voraussetzung für das Zustandekommen eines Vertrages; ↔ accidentalia negotii *Beispiel bei Kaufvertrag: Parteien, Gegenstand, Preis*
ex aequo et bono	nach Billigkeit und Recht
exceptio	Einrede, Einwand
~ doli	Einrede der Arglist wird auf § 242 BGB gestützt

~ non impleti contractus	Einrede des nicht erfüllten Vertrages, vgl. § 320 BGB
~ temporis	Einrede der Verjährung vgl. § 214 BGB
exculpatio	Aufhebung der Schuld *Beispiel: der Geschäftsherr des Verrichtungsgehilfen kann nachweisen, dass ihn keine Schuld trifft, § 831 Abs. 1 S. 2 BGB; dann muss er keinen Schadensersatz für ein Delikt des Gehilfen leisten*
excusatio	Entschuldigung
executor ultimarum voluntatum	Testamentsvollstrecker vgl. §§ 2197 ff. BGB
exheredatio	Enterbung Folge: Pflichtteilsrecht greift ein, um dem gesetzlichen Erbrecht ein Mindestmaß an Beachtung zukommen zu lassen.
ex iniuria ius non oritur	aus Unrecht entsteht kein Recht (völkerrechtlicher Grundsatz)
ex lege	durch Gesetz
ex nunc	von jetzt ab, künftig
ex officio	von Amts wegen ProzessR: Behörde oder Gericht nimmt bestimmte Handlung von sich aus vor, ohne dass es eines Antrags o.ä. bedarf; diese sog. Offizialmaxime gilt insb. im Strafprozess
expressis verbis	mit ausdrücklichen Worten ↔ facta concludentia
ex tunc	von damals her, rückwirkend vgl. § 142 Abs. 1 BGB für die Anfechtung

F

facta concludentia	schlüssige Tatsachen ZR: Willenserklärungen können auch durch schlüssiges Verhalten entäußert werden; ↔ expressis verbis
facultas alternativa	Ersetzungsbefugnis ZR: Schuldner ist berechtigt, andere Leistung zu erbringen oder Gläubiger kann andere Leistung fordern, vgl. §§ 364 Abs. 1, 249 Abs. 2 BGB *Beispiel: Ersetzungsbefugnis im Autohandel*
falsa demonstratio	falsche Bezeichnung
~ non nocet.	Eine falsche Bezeichnung schadet nicht. ZR: Wenn beide Vertragsparteien etwas übereinstimmend falsch verstehen, dann gilt entgegen dem Wortlaut das beiderseits Gewollte, da niemand schutzbedürftig ist. *Beispiel: „Haakjöringsköd" = Haifischfleisch; beide Seiten verstanden darunter aber Walfischfleisch*
falsus procurator	Vertreter ohne Vertretungsmacht Rechtsfolgen: §§ 177 ff. BGB.
favor iuris	Rechtswohltat *Beispiel: Dem Schuldner bleibt bei der Zwangsvollstreckung der Lebensunterhalt gesichert.*
fiat iustitia, pereat mundus.	Es geschehe Gerechtigkeit, (auch wenn) die Welt unterginge.
fictio iuris	rechtliche Fiktion Gesetz unterstellt etwas entgegen der Wirklichkeit

	Beispiel: Erbenbesitz nach § 857 BGB: Erben gelten mit dem Erbfall auch dann als Besitzer, wenn noch keine tatsächliche Sachherrschaft und Herrschaftswille vorliegen
fides (bona/mala)	Glauben, Treue (Treu und Glauben/ Unredlichkeit) vgl. § 242 BGB und die darauf gegründeten Einreden
fiscus	Staatsvermögen
forensis	gerichtlich
forum	Gericht in Rom öffentlicher Platz für Versammlungen und Gerichtsverhandlungen
~ delicti commissi	Gerichtsstand am Wohnsitz des Beklagten vgl. § 13 ZPO
~ prorogatum	vereinbarter Gerichtsstand ProzessR: unter bestimmten Voraussetzungen können die Parteien eines Rechtsstreits (schon im Voraus) das für ihre Angelegenheiten zuständige Gericht frei bestimmen
~ rei sitae/solutionis......	Gerichtsstand der belegenen Sache/ des Erfüllungsortes vgl. § 24 ZPO und § 29 ZPO
fraus	arglistiges Verhalten
fraus legi facta	der am Gesetz begangene Betrug Gesetzesumgehung; der Schutzzweck einer Vorschrift darf nicht unterlaufen werden. *Beispiel: § 475 Abs. 1 BGB zum Schutz des Käufers beim Verbrauchsgüterkauf darf sich der Verkäufer auf abweichende Vereinbarungen nicht berufen*

fructus	Frucht, Ertrag, Nutzen
fundus	Landgut, Grund und Boden
fur (semper in mora)	der Dieb (ist immer im Verzug) vgl. § 848 BGB
furiosus	der Geisteskranke
furtum (nocturnum)	Diebstahl (nächtlicher)
furtum usus	Gebrauchsdiebstahl StrafR: Gebrauchsanmaßung, Strafbarkeit nur bei Fahrzeugen, vgl. § 248b StGB

G

generalis	allgemein
genius loci	der gute Geist eines Ortes
gens	Sippe, Großfamilie, Volk daher → ius gentium
genus perire non potest.	Eine Gattung kann nicht untergehen. ZR: Der Schuldner einer Gattungsschuld wird nicht von seiner Schuld befreit, wenn die zur Lieferung vorgesehene Sache untergeht. Gattungsschulden sind Beschaffungsschulden. Abgrenzung zur Vorratsschuld und zur Konkretisierung, § 243 Abs. 2 BGB.
gestio	Führung, Verwaltung
gestor negotiorum	Geschäftsführer
gradus cognationis	Verwandschaftsgrad
gravamen	Sorge, Beschwerde, Belastung

H

habeas corpus!	Der Körper sei dein! = Garantie der Freiheit der Person, vgl. Art. 104 GG

habent sua fata libelli!	(Auch) Büchlein haben ihr Geschick!
heredis institutio	Erbeinsetzung römR: notwendiger Grundbestandteil des Testaments, Bestimmung des Gesamtnachfolgers ZR: auch heute in Abweichung von der gesetzlichen Erbfolge möglich; Korrekturen durch Sittenwidrigkeit und Pflichtteilsrecht
hereditas	Erbschaft
hic et nunc	hier und jetzt
homicidium	Totschlag, Mord
homo	Mensch
homo liber	der Freie
homo sum, nil humani a me alienum puto.	Ich bin ein Mensch, und nichts Menschliches, glaube ich, ist mir fremd. (Terentius)
h.c. = honoris causa	der Ehre wegen, ehrenhalber
horribile dictu	um etwas Schreckliches zu sagen

I

ictus	Schlag, Stoß, Angriff StrafR: → aberratio ictus
i.e. = id est	das ist, das heißt
ignorantia	Unkenntnis, Unwissenheit
ignorantia facti	Unkenntnis der Tatsachen
~ non iuris excusat.	~ entschuldigt, nicht die des Rechts. vgl. auch → error iuris non nocet
ignorantia (in)vincibilis	(un)vermeidbarer Irrtum Abgrenzung von vermeidbarem und unvermeidbarem Irrtum, insb. bei § 17 StGB entscheidend
illustrandi causa	zur Erläuterung

immissio	störende Einwirkung von außen auf ein Grundstück vgl. § 906 BGB
immobilis	unbeweglich
immobilia	Grundstücke
impedimentum	Hindernis
impensae	Aufwendungen vgl. den Ersatz vergeblicher Aufwendungen, § 284 BGB
impossibilium nulla est obligatio.	Unmögliches kann nicht Verpflichtung sein. ZR: Ist eine Leistung objektiv oder subjektiv unmöglich, dann geht die entsprechende Leistungspflicht unter, vgl. § 275 BGB; rechtsvernichtende Einwendung.
imprimatur!	Es möge gedruckt werden! Druckerlaubnis, ursprünglich unter autoritären Verhältnissen
imprudentia	Unklugheit, Fahrlässigkeit
in absentia	in Abwesenheit
in bonis esse/habere	eigentumsähnliche Position *Beispiel: Inhaber eines Anwartschaftsrechts*
in brevi	in Kürze (in kurzen Worten)
in casu necessitatis	im Notfall
in contumaciam	wegen Ungehorsams ProzessR: gegen eine gerichtliche Ladung = Versäumnisurteil
in dubio pro reo!	Im Zweifel für den Angeklagten. StProzessR: Grundsatz, wonach ein Angeklagter freizusprechen ist, sofern dem Gericht Zweifel verbleiben

in flagranti	(wörtl.:) beim Brennen = auf frischer Tat ertappt
in fraudem creditorum	zum Nachteil der Gläubiger
in fraudem legis	unter Gesetzesumgehung → fraus legi facta; hier die entsprechende Gesinnung
in iure	vor Gericht
in medias res	gleich zur Sache kommen
in margine	am Rande
in mora (periculum ~)	im Verzug (Gefahr ist im ~) Zusammenhang mit Ermittlungsmaßnahmen der Strafverfolgungsbehörden; bedeutsam u.a. bei Maßnahmen, die an sich unter Richtervorbehalt stehen
in omne eventum	für alle Fälle
in praeteritum non vivitur	In der Vergangenheit wird nicht gelebt. FamilienR: kein Unterhaltsanspruch für abgelebte Zeiten, vgl. § 1613 BGB
in spe	in der Hoffnung
indebiti solutio	Erfüllung einer Nichtschuld gibt grundsätzlich Rückforderungsanspruch nach § 812 Abs. 1 S. 1 1. Fall BGB
indulgentia	Nachsicht, Gnade, Straferlass
infans	Kind
iniuria	Unrecht (i.w.S.), Beleidigung (i.e.S.)
inquilinus	Wohnungsmieter
instrumentum probationis	Beweismittel
~ sceleris	~ des Verbrechens
insufficienter	ungenügend schlechteste Note für wissenschaftliche Arbeiten, insb. Doktorarbeiten

inter arma silent leges	Unter den Waffen (des Krieges) schweigen die Gesetze. skeptische Äußerung zum VölkerR
interdictio	Verbot, Untersagung
interim	einstweilen
inter omnes	(Geltung) für alle
inter partes	(Geltung) nur zwischen den Parteien ↔ erga omnes ZR: schuldrechtliche Verpflichtungen binden nur die Parteien selbst
interpellatio	Einspruch, („Objection, Your Honour!“), Anfrage, Mahnung
interpretatio	Auslegung
~ extensiva	ausdehnende ~
~ restrictiva	einschränkende ~
interrogatio	Befragung, Verhör
invitatio ad offerendum	Einladung ein Angebot abzugeben mangels Rechtsbindungswillen gerade noch kein verbindliches Angebot; nach deutschem Recht z.B. Zeigen der Ware im Schaufenster (was in der Schweiz ein Angebot ist, vgl. Art. 7 Abs. 3 OR)
ipso iure	durch das Recht selbst, automatisch keine weitere Rechtshandlung notwendig, um die Rechtsfolge herbeizuführen *Beispiel: Gesamtrechtsnachfolge, § 1922 BGB, führt zum automatischen Eintritt des Erben in alle Rechte und Verbindlichkeiten des Erblassers*
itio in partes	Auseinandersetzung von Teilen einer Versammlung
iudex	Richter
iudex non calculat	Der Richter rechnet nicht. d.h. er gewichtet die Argumente und zählt sie nicht nur

iudicium	Urteilsspruch, gerichtliche Entscheidung, Rechtsstreit
iudicium ius facit inter partes	Das Urteil schafft Recht (nur) zwischen den Parteien. vgl. § 325 Abs. 1 Alt. 1 ZPO; Ausnahme: Rechtskrafterstreckung auf Dritte
iura in re aliena	Rechte an fremder Sache (beschränkte dingliche Rechte) = Rechtsmangel nach § 435 BGB
iura novit curia	Das Gericht kennt die Rechte. ProzessR: Rechtsbelehrung (durch Parteien oder Anwälte) sind nicht erforderlich; vgl. auch → da mihi factum
iurare	schwören, einen Eid ablegen
iurisdictio	Gerichtsbarkeit
iurisprudentia	Rechtswissenschaft
ius	Recht, Rechtsordnung, Berechtigung zum Begriff und den wichtigsten Verbindungen → I.1. Einstieg
~ civile	Recht der (römischen) Bürger daher Zivilrecht = Bürgerliches Recht
~ cogens/dispositivum	zwingendes/nachgiebiges Recht
~ commune	(all-)gemeines Recht Bezeichnung für das römR seit dem Mittelalter, Geltung in Teilen Deutschlands bis 1900
~ gentium	Recht der Völker, Völkerrecht im römR anderer Inhalt als seit *Hugo Grotius*
~ positivum	gesetztes Recht
~ non scriptum	ungeschriebenes Recht
~ soli (nicht: solis!)	Recht des Bodens, des Geburtsorts

	Ausgangspunkt für die Staatsangehörigkeit; ↔ ius sanguinis, Recht des Blutes = Abstammungsprinzip
iusta causa possessionis	Besitztitel römR: Titel, der den rechtmäßigen Grund des Besitzes angibt ProzessR: Titel, der zur Herausgabe des Besitzes berechtigt
iustitia	Gerechtigkeit → I.1. Einstieg

L

laesio	absichtliche Verletzung, rechtlicher Nachteil
laesio enormis	übermäßig große Verletzung auch „Verkürzung über die Hälfte", → pretium iustum; Gedanke aus dem Naturrecht, führt zu Auflösbarkeit oder Unwirksamkeit eines Rechtsgeschäfts *Beispiel: § 934 ABGB (Österreich), Art. 1674 ff. Cc (Frankreich)*
lapsus (linguae)	Fall, Versehen, Irrtum (der Zunge: ein Versprecher)
latrocinium	Raub (Mord) im großen Stil
laus	Lob → (magna/summa) cum laude
legalis	gesetzmäßig
legatum	Vermächtnis nicht Erbschaft! letztwillige Vermögenszuwendungen sind als Ausnahme vom Prinzip der Gesamtrechtsnachfolge möglich; schuldrechtlicher Anspruch auf Gewährung eines beliebi-

	gen Vermögensvorteils i.d.R. gegen den Erben
lege artis	nach dem Gesetz der Kunst, kunstgerecht wichtig in der Medizin, um Haftung für Behandlungsfehler zu entgehen
legitimatio (per matrimonium subsequens) ...	Anerkennung (Ehelichkeitserklärung durch nachfolgende Eheschließung) historisch große Bedeutung, heute wegen Gleichstellung unehelicher Kinder abgeschafft
lex	Gesetz, Klausel (Pl.: leges) → I.2. Einstieg
legislatio	Gesetzgebung
LL.M. = magister legum	Meister der Gesetze
liber	Buch, Schrift
liber, libertus, libertinus	der Freie, der Freigelassene
licentia (docendi)	Erlaubnis (zum Lehren)
licitum	erlaubt
liquet	es fließt, ist klar, leuchtet ein → non liquet
lite pendente	bei schwebendem Verfahren ProzessR: die Ermittlungen dauern noch an; es ist noch kein Urteil gesprochen
litis contestatio	Einlassung auf die Klage, Streitbefassung ProzessR: auf Abweisung der Klage zielende Stellungnahme des Beklagten zur Sache in der mündlichen Verhandlung
locatio conductio (rei/operis/operarum) ...	Miete (Sachmiete / Werkvertrag / Dienstvertrag)

	wie → emptio venditio Konsensualvertrag mit eigenem Namen
locus	Ort, Stelle
loci communes	Gemeinplätze Rhetorik: darauf musste sich ein Redner beziehen, um nicht nur akzeptable, sondern auch wirkmächtige Aussagen machen zu können
locus regit actum	Der Ort bestimmt den Rechtsakt. etwa im Grundstücksrecht; vgl. Art. 11 Abs. 1 EGBGB
longa manu traditio	Übereignung langer Hand, Übergabe durch Hinweisen vgl. § 854 Abs. 2 BGB; Sonderfall der Übereignung *(klassisches) Beispiel: im Wald liegende Holzstämme, die sich der Erwerber infolge einer Gestattung des Veräußerers abholen darf*
lucidum intervallum	lichter Moment (Pl.: lucida intervalla) zeitweilige Vernünftigkeit bei einem Geistesschwachen; Bedeutung bei Geschäftsunfähigkeit nach § 104 Nr. 2 BGB: wirksame Willenserklärungen sind möglich
lucrum (cessans)	(entgangener) Gewinn vgl. § 252 BGB
luxuria	Zügellosigkeit

M

m.c.l. = magna cum laude

	mit großem Lob Notenstufe, insb. bei Doktorarbeit
mala fide	arglistig, im bösen Glauben

	ZR: Wissen oder grob fahrlässiges Nichtwissen von gewissen Umständen beim Erwerb beweglicher Sachen; vgl. insb. § 932 Abs. 2 BGB Gegensatz → bona fide
mandatum	Auftrag, Befehl römR: unentgeltliche Tätigkeit in fremden Interesse; insb. auch im Staatsrecht: Amt des gewählten Abgeordneten; noch heute ist der Auftrag unentgeltlich, vgl. § 662 BGB, Rechtsanwälte sprechen daher unkorrekt davon, Mandate zu bearbeiten, da sie nicht unentgeltlich tätig werden
manus	Hand Hausgewalt des → pater familias über Hauskinder und Ehefrau
manu propria	eigenhändig gesetzliche Art des ordentlichen Testaments, §§ 2247 Abs. 1, 2231 Nr. 2 BGB; ↔ öffentliches Testament
manus manum lavat......	Eine Hand wäscht die andere. = Korruption
mare liberum	das freie Meer
matrimonium	Ehe Bezeichnung aus dem römR und KirchenR
mens testatoris	der Wille des Erblassers
merces, -edis (f.)	Entgelt, Lohn, Honorar (hingegen Pl.: merces = Waren, Güter)
minima non curat praetor	Der Gerichtsherr kümmert sich nicht um Kleinigkeiten (auch: de minimis non curat praetor). Grundsatz aus dem römR; der Gerichtsherr (praetor) ahndete geringfü-

	gige Rechtsverstöße nicht; heute kann die Staatsanwaltschaft bei geringer Schuld von der Verfolgung absehen, § 153 Abs. 1 StPO
minor	minderjährig, Minderjähriger
mobilia	bewegliche Sachen
modus	Art und Weise, Auflage
~ adquirendi (acquirendi)	die Erwerbsart im gemeinen Recht: Besitzübertragung als erforderliches Element des Eigentumsübergangs
~ vivendi	Art des Zusammenlebens VölkerR: vorläufige Vereinbarung
mora	Verzug ZR: allgemein ist der Verzug die rechtswidrige Verzögerung bei Verpflichtungen aus einem Schuldverhältnis
~ creditoris	Gläubiger~ wenn der Gläubiger die Leistung nicht annimmt, gerät er in Verzug, § 293 BGB, und hat erhöhte Risiken zu tragen, § 300 BGB
~ debitoris	Schuldner~ vom Schuldner zu vertretene Nichtleistung bei Fälligkeit trotz Mahnung, § 286 BGB; führt zu besonderer Verantwortlichkeit, § 287 BGB
moratorium	Zahlungsaufschub ZR: Vereinbarung über das Hinausschieben fälliger Verpflichtungen; beispielsweise Stundung gem. § 205 BGB, vgl. auch § 506 BGB für den entgeltlichen Zahlungsaufschub
mors	Tod
mortis causa	von Todes wegen

post mortem	nach dem Tod
mos	Sitte, Brauch, Gewohnheit
~ maiorum	~ der Vorfahren römR: traditionelle Verhaltensweisen, Gewohnheitsrecht
motu proprio	aus eigenem Antrieb KirchenR: (aus eigenem Antrieb veranlasster) Erlass des Papstes in Briefform
multum, non multa!	Viel, aber nicht vielerlei (leisten)!
mundus vult decipi!	Die Welt möchte betrogen werden!
mutatis mutandis	wenn die notwendigen Veränderungen vorgenommen sind Redewendung, die vergleichbare Verhältnisse in Bezug setzt, Analogie
mutuum	Darlehn römR: Verpflichtung zur Rückzahlung wurde real, durch Hingabe des Darlehnsgegenstands begründet; grundsätzlich zinslos
mutuus consensus	gegenseitige Übereinstimmung
mutuus dissensus	gegenseitige Nicht-Übereinstimmung, Meinungsverschiedenheit

N

nasciturus	der geboren Werdende, die Leibesfrucht ErbR: die Leibesfrucht gilt als vor dem Erbfall geboren und ist damit erbfähig, § 1923 Abs. 2 BGB
ne bis in idem	nicht zweimal in demselben (Verfahren) StProzessR: Voraussetzung für Prozess, um eine nach Art. 103 Abs. 3 GG verbotene Doppelbestrafung auszu-

schließen; die Strafverfolgung eines Freigesprochenen ist ebenfalls ausgeschlossen

ne eat iudex ultra petita partium! .... Es gehe nicht der Richter hinaus über die Forderungen der Parteien!
ZProzessR: vgl. § 308 Abs. 1 ZPO; ergibt sich aus den Prozessgrundsätzen, hier Dispositionsgrundsatz

neglegentia .... Fahrlässigkeit

negotium .... Geschäft; die einem bestimmten Zweck dienende Tätigkeit
→ accidentalia/essentialia negotii

~ nullum/imperfectum .. nichtiges Rechtsgeschäft

~ claudicans................. hinkendes Rechtsgeschäft
ZR: bis zur Genehmigung schwebend unwirksam

negotia .... Geschäfte (Pl.)

~ inter vivos .... Geschäfte unter Lebenden

Beispiel: Kaufvertrag

~ mortis causa .... Geschäfte von Todes wegen
ZR: Rechtsgeschäft wird zwar zu Lebzeiten abgeschlossen, die den Leistungsempfänger unentgeltlich begünstigende Wirkung soll jedoch erst nach dem Tod des Zuwendenden eintreten, vgl. § 2301 BGB und → donatio inter vivos/mortis causa

Beispiel: Erbvertrag

negotiorum gestio (gestor) .... Geschäftsführung (Geschäftsführer) ohne Auftrag
vgl. §§ 677 ff. BGB

nemo ultra posse obligatur Niemand wird über sein Können (hinaus) verpflichtet.

	Grundgedanke des § 275 Abs. 1 BGB (Unmöglichkeit)
nemo tenetur se ipsum accusare.	Niemand ist verpflichtet, sich selbst anzuklagen. StProzessR: Selbstbegünstigung ist straflos; ergibt sich aus Art. 2 Abs. 1 i.V.m. Art. 1 Abs. 1 GG (Allgemeines Persönlichkeitsrecht) und Art. 20 Abs. 3 GG (Rechtsstaatsprinzip).
ne ultra petita	nicht mehr als gefordert soll der Richter dem Kläger zusprechen, vgl. § 308 Abs. 1 ZPO
nomen	Name, Forderung
N.N. = nomen nescio	den Namen weiß ich nicht bzw. nomina nominanda (noch zu benennende Namen); übertragene Bedeutung: noch offen
nomine proprio	im eigenen Namen ZR: Voraussetzung der Stellvertretung (§§ 164 ff. BGB), sog. Offenkundigkeitsprinzip
non liquet	es ist unklar ProzessR: behauptete Tatsachen, konnten weder bewiesen noch widerlegt werden; im Zivilprozess endet das Verfahren in diesem Fall zu Ungunsten der Partei, welche die Beweislast trägt; im Strafprozess führt dies zum Freispruch des Angeklagten
(pecunia) non olet	(Geld) stinkt nicht gemeint: das Geld, das der römische Senat aus einer Kloakensteuer einnahm!

non omne quod licet honestum est .... Nicht alles, was (gerade noch) erlaubt ist, ist (auch) ehrenhaft.
vgl. *Paulus* Dig. 50, 17, 144

noxa .... Schaden, Schädigung, Schadensersatz

nullum crimen, nulla poena sine lege (scriptum) .... Kein Verbrechen, keine Strafe ohne (geschriebenes) Gesetz.
StR: Gesetzlichkeitsprinzip, ergibt sich aus Art. 103 Abs. 2 GG, § 1 StGB und konkretisiert sich in Verbot von Gewohnheitsrecht, Rückwirkungsverbot, Bestimmtheitsgebot und Analogieverbot

NC = numerus clausus geschlossene/beschränkte Zahl
zahlenmäßige Zulassungsbeschränkung; im Kontext des Rechts auf freie Wahl des Berufs und der Ausbildungsstätte, Art. 12 Abs. 1 S. 1 GG, entschied das Bundesverfassungsgericht über die Rechtfertigung des Eingriffs durch einen NC, vgl. BVerfGE 33, 303

O

obiter dictum (Pl. dicta) nebenher gesagt
Bezeichnung für Ausführungen, welche im jeweiligen Kontext unerheblich sind, von besonderer Bedeutung bei Urteilen

obligatio .... Verbindlichkeit, Schuldverhältnis

~ alternativa.................. Wahlschuld
vgl. §§ 262 ff. BGB

~ ex contractu .... aus Vertrag
Beispiel: Kaufvertrag, § 433 BGB

~ ex delicto .... aus Delikt

Beispiel: § 823 Abs. 1 BGB zugleich → ex *lege*

~ ex lege .... aus dem Gesetz

Beispiele: Geschäftsführung ohne Auftrag, §§ 677 ff. BGB und Bereicherungsrecht, §§ 812 ff. BGB – zugleich quasi ex contractu

~ naturalis..................... Naturalschuld
ZR: unklagbare Verbindlichkeit, die bei Erfüllung nicht zurück gefordert werden kann

Beispiele: verjährte Forderungen oder § 762 BGB

occupatio .... Besetzung, Besitznahme
ZR: Aneignung; Realakt, der zum Erwerb von beweglichen herrenlosen Sachen durch Besitznahme führt, § 958 Abs. 1 BGB

officium .... Pflicht, Amtspflicht

olim possessor,
hodie possessor,
semper possessor! .... Einstmals Besitzer, heute Besitzer, immer Besitzer.
ZR: Grundgedanken der Ersitzung, §§ 937 ff. BGB, d.h. Eigentumserwerb durch Zeitablauf

omissio .... Unterlassung
i.w.S. = Nichthandeln, Nichtstun, i.e.S. = Nichterfüllung einer Pflicht gegenüber einem Anderen
StR: Strafbarkeit, soweit dadurch ein strafrechtlich geschütztes Rechtsgut verletzt wird; ZR: Schadensersatzpflicht bei Garantenstellung

omnimodo facturus	der unter allen Umständen zum Handeln Entschlossene StR: kann nicht mehr von einem Dritten angestiftet werden, d.h. Anstiftung ist nicht mehr kausal zu der dann ausgeführten Tat
omnis definitio periculosa	eine jede Definition hat etwas Gefährliches (Dig. 50, 17, 202)
onus probandi	Beweislast ZProzessR: Parteien müssen tatsächliche Voraussetzungen der Norm beweisen, welche sie geltend machen wollen; folgt aus dem Verhandlungsgrundsatz
opinio communis	allgemeine/herrschende Meinung Abkürzung: h.M.
opinio iuris	Rechtsüberzeugung, Rechtsmeinung
opinio necessitatis	Überzeugung von der Notwendigkeit (auch: opinio iuris sive necessitatis) Gewohnheitsrecht; Rechtsquelle im Gegensatz zum positiven/gesetzten Recht; durch lang andauernde, von Rechtsüberzeugung getragener Übung geschaffenes Recht
optimum	das Beste
optio	Möglichkeit, Wahl
opus	Bauwerk, Werk i.w.S.

P

pacta sunt servanda!	Verträge sind einzuhalten! Ursprung im KirchenR; wichtiger Grundsatz sowohl im ZR als auch im ÖR; leider immer weniger anerkannt,

	vgl. die Widerrufsrechte bei Verbraucherverträgen, §§ 355 ff. BGB
pactum	Vertrag, Vereinbarung → pax
~ adiectum	Nebenabrede
~ de non cedendo	Vertrag, keine Forderungen abzutreten Bezeichnung für eine Parteivereinbarung, wonach der Gläubiger zusichert, die Forderung nicht abzutreten
~ de non petendo	Vertrag, keine Forderungen einzuklagen Bezeichnung für eine Parteivereinbarung, wonach der Gläubiger verspricht, die fällige Forderung vorerst nicht geltend zu machen
~ reservati dominii	Vereinbarung des Eigentumsvorbehalts vgl. § 449 BGB
~ tacitum	stillschweigende ~
parentela	Verwandtschaft
parentes	Eltern
pars pro toto	ein Teil für das Ganze, Beispiel
passim	überall Verwendung i.d.R. bei Verweis auf ein ganzes Werk, Verweistechnik
pater familias	Hausvater, Inhaber der Hausgewalt römR: Oberhaupt der Familie; Inhaber der → patria potestas;
pater semper incertus ...	Der Vater ist immer ungewiß. Dank Gentests hat diese quälende (oder auch vorteilhafte) Ungewissheit ein Ende.
patria potestas	väterliche Gewalt römR: Herrschaftsmacht des → pater familias über Personen und Sachen des Haushalts
pax	der Friede

	Als Wortbestandteil in → pactum enthalten!
peculium	Sondergut, Kleinvieh römR: Vermögen, welches der → pater familias dem Hauskind oder einem Sklaven zum selbständigen Wirtschaften überlassen konnte
pecunia	Geld Ursprung des Wortes: pecus = Vieh; (Acker-)Vieh war in Rom Zahlungsmittel und Zeichen für Wohlstand
pecuniariter agere	auf Geld klagen
pendente condicione	Schwebezeit durch Bedingung vgl. §§ 158 ff. BGB
perfidia	Treulosigkeit
periculum est emptoris	Die Gefahr des zufälligen Untergangs der Sache trifft den Käufer. ZR: den Schuldner trifft die Gefahr trotz des zufälligen Untergangs leisten zu müssen (= Leistungsgefahr)
periculum in mora	Gefahr in Verzug StProzessR: Ausnahme vom Richtervorbehalt zur Durchführung einer Maßnahme
permutatio	Tausch vgl. § 480 BGB
per se	für sich, von selbst
persona non grata	unwillkommene Person Bezeichnung im diplomatischen Verkehr; ein so bezeichneter Diplomat hat das Land zu verlassen und darf nicht wieder einreisen, vgl. Art. 9 Wiener Übereinkommen über diplomatische Beziehungen
pertinentia	Zubehör
petitum (Pl. petita)	das Eingeklagte, die Forderung

pignus	Pfand ZR: Sicherung einer Forderung durch Hingabe einer beweglichen Sache; dingliches Recht, die hingegebene Sache zur Befriedigung seiner Forderung zu verwerten; vgl. §§ 1204 ff. BGB
placet	es gefällt; Erlaubnis, Zustimmung ursprüngliche Verwendung: Zustimmung zu einem Antrag im römischen Senat
plebiscitum	Volksabstimmung, Plebiszit die Entscheidung der Versammlung der Plebejer war in Rom bindendes Gesetz; in Deutschland sind Volksabstimmungen politisch nicht gewollt, anders als etwa in der Schweiz
plebs	die Plebejer, das Volk im Gegensatz zu den privilegierten Patriziern, das „einfache" Volk in Rom; durch Ständekämpfe erreichten die Plebejer politische Teilhabe
pleno iure	mit vollem Recht
plenum	Gesamtheit, Vollversammlung
poena (talionis)	Buße, Strafe (Vergeltungs-)
populus (romanus)	das (römische) Volk
possessio	Besitz ZR: tatsächliche Gewalt einer Person über eine Sache, vgl. §§ 854 ff. BGB, vom Eigentum zu unterscheiden
possessor (bonae fidei)	Besitzer (gutgläubiger) → beati possidentis
post/posterior	danach, nach/der spätere
post mortem	nach dem Tode
postumus	nachgeborenes Kind

	ErbR: nach Tod des Erblassers ~ wird Erbe; → nasciturus
potestas	Macht, Gewalt, Kompetenz
praedium	Grundbesitz, Landgut
praeiudicium	vorgreifende Entscheidung, Vorurteil
praescriptio (dormit)	Eintragung; auch Verjährung oder Ersitzung (sie ruht, vgl. § 939 BGB)
praesumtio	Vermutung
~ facti	~ der Tatsache
~ iuris	~ des Rechts *Beispiele: §§ 280 Abs. 1 S. 2, 1006 BGB; § 440 Abs. 2 ZPO*
praeter legem	neben dem Gesetz, am Gesetz vorbei d.h. kein Widerspruch zum Recht, jedoch auch keine Übereinstimmung mit geltendem Gesetzestext
praeter propter	fast genau, ungefähr, im Großen und Ganzen
precarium	Bittleihe ZR: Überlassung einer Sache zu jederzeitigem Widerruf; im BGB nicht gesetzlich normiert; anders in Österreich: § 974 ABGB
pretium (iustum)	der (gerechte) Preis der Gedanke der unzulässigen Übervorteilung stammt erst aus dem Naturrecht, → laesio enormis
prima facie	auf den ersten Blick; Augenscheinbeweis ProzessR: Prüfung durch unmittelbare Sinneswahrnehmung, vgl. §§ 371 ff. ZPO, § 86 StPO; § 96 Abs. 1 VwGO
princeps legibus solutus.	Der Herrscher ist von den Gesetzen frei. Begründung des Absolutismus

principiis obsta!	Gegen die Anfänge (einer Entwicklung) wehre dich (sofort)!
prior tempore potior iure!	Wer zuerst kommt, mahlt zuerst!
privilegium	Sonderrecht, dem Einzelnen verliehenes Vorrecht
pro	für, anstatt, vor
probatio	der Beweis
probatum est	es ist bewährt, es hilft
procedere	vorwärtsschreiten, fortschreiten
procurator	Verwalter römR: Staatsbediensteter; heute: Prokurist = Inhaber einer weitreichenden rechtsgeschäftlichen Vertretungsmacht (Prokura), §§ 48 ff. HGB
pro herede gestio	Handlung als Erbe ErbR: schlüssiges Verhalten, z.B. Beantragung eines Erbscheins
promissio	Versprechen
proprietarius	Eigentümer → dominus
protestatio	Einspruch, Widerspruch
protestatio facto contraria	eine Ablehnung, die dem eigenen Handeln zuwiderläuft verstößt nach heutiger Rechtsauffassung gegen den Grundsatz von Treu und Glauben (§ 242 BGB); der erklärte Wille ist daher unbeachtlich
~ non valet	~ gilt nicht
provocatio (adversus)	Berufung (gegen)
pubertas	Mündigkeit weiter Begriff, welcher die Volljährigkeit, Handlungs-, Geschäfts- oder Deliktsfähigkeit, die Ehemündigkeit sowie die Strafmündigkeit umfassen kann
publicus	öffentlich, allgemein
punire	bestrafen

Q

quaestio	Untersuchung, Gerichtshof, Frage, Folter
~ facti	Tatsachenfrage ProzessR: gerichtliche Verhandlung hat über Erhebung von Fakten zu entscheiden
~ iuris	Frage des Rechts ProzessR: Entscheidung über die rechtliche Würdigung eines Sachverhalts
quasi	gleichsam
querela	Beschwerde, Klage
qui tacet, consentire videtur.	Wer schweigt, wird als zustimmend behandelt, scheint zuzustimmen. römR und KirchenR; heute ist Schweigen jedoch grundsätzlich keine Willenserklärung, Ausnahme z.B. Schweigen auf ein kaufmännisches Bestätigungsschreiben
quid iuris?	Was ist rechtens?
quidquid non agnoscit glossa, non agnoscit curia	Was die Glosse nicht anerkennt, erkennt auch das Gericht nicht an. mittelalterlicher Rechtssatz, der die Bedeutung der Rechtswissenschaft hervorhebt
quivis ex populo	jeder aus dem Volke Formel für die in Deutschland grundsätzlich unzulässige Popularklage
quod erat demonstrandum!	Was zu beweisen war.

quod principi placuit, legis habet vigorem. .... Was dem Herrscher gefällt, hat schon Gesetzeskraft.
gefährlicher Satz eines spätklassischen Juristen; undenkbar in Zeiten der Gewaltenteilung

quot capita, tot sensus. Wieviel Köpfe, soviel Meinungen. (oder auch: quot homines, tot sententiae)

R

rapina .... Raub

ratio .... Vernunft, Grund, Rechnung, Rechenschaft

~ legis .... der Sinn des Gesetzes
er ist zu erforschen, um das Gesetz korrekt anzuwenden

~ scripta .... die geschriebene Vernunft
Bezeichnung für das rezipierte römR im Spätmittelalter

ratiocinium .... Vernunftsschluss
MethodenL: Syllogismus; Ergebnis eines juristischen Gutachtenprozesses

receptum .... Garantie, Pflicht

reformatio in peius .... die Veränderung zum Schlechteren
ProzessR: grundsätzlich nicht zulässig durch Urteil der höheren Instanz zu Lasten der Partei, die Rechtsmittel eingelegt hat; Gericht ist vielmehr an die Anträge gebunden, vgl. §§ 331, 358 Abs. 2 StPO, 528, 557 ZPO

regressus .... Rückgriff

regula iuris .... Rechtsregel

rei vindicatio .... die Herausforderung (vindicatio) einer Sache (res)

	römR: Eigentumsklage; vgl. § 985 BGB; in „vindicare“ steckt „vim dico“, also: ich sage Gewalt an, wenn ich die Sache nicht sofort bekomme, entweder Selbsthilfe oder die Gewalt der staatlichen Vollstreckung
relata refero	ich berichte Berichtetes d.h. kann für die Wahrheit nicht einstehen
remuneratio	Entlohnung, Vergeltung
renuntiatio	Kündigung, Verzicht
repetitio est mater studiorum......................	Die Wiederholung ist die Mutter des Studiums. Man könnte ergänzen „insbesondere des Jurastudiums!“
replicatio	Gegeneinrede
reprobatio	Gegenbeweis
res	Sache (Pl.: res)
~ derelictae	preisgegebene Sachen ZR: werden herrenlos, man kann sie sich aneignen *Beispiel: Wegwerfen*
reservatio mentalis	geheimer Vorbehalt auch heute noch: Mentalreservation = Abgabe einer Willenserklärung trotz des innerlichen Vorbehaltes, vgl. § 116 BGB
res extra commercium	Sachen außerhalb des Handelsverkehrs römR: Sachen, welche sich weder im Eigentum einer Person befanden, noch veräußert werden konnten (z.B. der Tempel)

	ZR: Sachen, welche dem privatrechtlichen Verkehr entzogen sind; diese sind nur beschränkt verkehrsfähig; früher: Körperteile, das ist anders seit der Organbank; heute noch bestimmte Kulturgüter
~ fungibiles	vertretbare Sachen vgl. § 91 BGB
~ immobiles	unbewegliche Sachen sog. Liegenschaften, insb. Grundstücke
~ iudicata	rechtskräftig entschiedene Streitsache
res iudicata pro veritate accipitur.	Die rechtskräftige Eintscheidung wird für Wahrheit genommen. ProzessR: materielle Rechtskraft, d.h. Verbindlichkeit einer gerichtlichen Entscheidung; dient Schaffung von Rechtsfrieden
~ litigiosa	streitbefangene Sache
~ mobiles	bewegliche Sachen
responsum	(Rechts-)Auskunft, (Rechts-)Gutachten
res publica	der Staat, auch Gemeinwesen oder öffentliche Sache/Angelegenheit Bezeichnung der Staatsform der römischen Republik
res succedit in locum pretii et pretium in locum rei.	Die Sache tritt (bei Sondervermögen) an Stelle des Preises und der Preis an Stelle der Sache.
restitutio in integrum ...	Wiederherstellung des vorherigen (unversehrten) Standes ZProzessR: Verfahren wird wieder so gestellt, wie vor Eintritt eines unver-

	schuldeten nachteiligen Zustands, vgl. § 233 ZPO
retentio	Zurückbehaltung ZR: Leistungsverweigerungsrecht, vgl. §§ 273 f. BGB
reus	Angeklagter
revisio	Überprüfung, Revision
revocatio	Widerruf
rite	dem Brauch gerade noch gemäß untere positive Bewertungsstufe einer Dissertation
Roma locuta causa finita.	Rom hat gesprochen, die Sache ist entschieden. gilt heute wohl eher für Luxemburg, wo der Europäische Gerichtshof sitzt

S

sanctio	Rechtsfolge
sapere aude!	Wage es vernünftig zu werden! s. *Immanuel Kant* und die Aufklärung
sapienti sat.	Für den Wissenden ist es genug, es bedarf keiner weiteren Erklärung.
scilicet	das bedeutet …
sedes materiae	Sitz des Gegenstandes, Gesetzesstelle
semel heres, semper heres	einmal Erbe, immer Erbe heute durchbrochen durch die Möglichkeit der Erbausschlagung; andere Bedeutung: der Erbe muss die Erbschaft nicht wieder heraus geben
senatus consultum	Senatsbeschluss hatte im römR Gesetzeskraft
sententia	Urteil
sequester	Verwalter
servitus	Dienstbarkeit

	beschränktes dingliches Recht, vgl. §§ 1018 ff. BGB
	Beispiel: Nießbrauch, § 1030 BGB
servitus in faciendo consistere nequit.	Eine Dienstbarkeit kann nicht bestehen in einem Tun, sondern im Unterlassen.
servus	Sklave
sine	ohne
sine spe	ohne Hoffnung ↔ cum spe
sine ira et studio	ohne Zorn und Eifer d.h. unparteiisch
sine obligo	ohne Verpflichtung, freibleibend Nachsatz in „Angeboten“, der die Bindung ausschließt, vgl. § 145 BGB – dadurch wird die Erklärung zur → invitatio ad offerendum
s.t. = sine tempore	ohne Zeit d.h. wirklich pünktlich; ↔ c.t.
si vis pacem, para bellum!	Wenn du den Frieden willst, bereite den Krieg vor! Kurzformel für die NATO-Philosophie
societas (leonina)	Gesellschaft (mit dem Löwen) in der Fabel von Äsop bekommt der Löwe alles; daraus wurde der juristische Begriff für eine Gesellschaft mit ungleichgewichtiger Verteilung von Risiken und Gewinn
socius	Gesellschafter
solutio – solvere	Lösung, Erfüllung – erfüllen
species	Stück(-schuld) ↔ genus
sponsor	Bürge

status causae et controversiae	Sach- und Streitstand
statutum	Satzung, Gesetz, Statut
stipulatio	Verpflichtung, Versprechen römR: einseitig verpflichtend in besonderer (mündlicher) Form
stricto iure	nach strengem Recht
suaviter in modo, fortiter in re!	milde im Vorgehen, hart in der Sache
sub poena	unter Strafandrohung
substitutio	Ersetzung
successio	Rechtsnachfolge, Erbfolge
~ ab intestato	Erbfolge ohne Testament = gesetzliche Erbfolge
~ ex testamento	testamentarische Erbfolge
~ in universitatem	Gesamtrechtsnachfolge vgl. im ErbR § 1922 BGB
sui generis	eigener Art d.h. systematisch nicht einzuordnen *Beispiel: staatsrechtliche Einordnung der Europäischen Union*
s.c.l. = summa cum laude	mit höchstem Lob Bestnote, insb. für Doktorarbeiten
summa summarum	alles in allem
suo tempore	zur rechten Zeit
superficies solo cedit.	Das Bauwerk folgt dem Boden, geht zum Eigentümer. ZR: grundsätzlich kein getrenntes Eigentum, vgl. § 94 BGB; anders z.B. in der DDR
suum cuique	Jedem das Seine. vgl. *Ulpianus* Dig. 1, 1, 10, 1; missbraucht von den Nazis

T

tabulae (Pl.)	Schriftstück, Urkunde
tacitus consensus	stillschweigende Übereinstimmung ZR: Vertragsschluss durch schlüssiges Verhalten möglich
tempus regit actum.	Die Zeit beherrscht den Rechtsakt.
tenor	wesentlicher Inhalt, Hauptaussage ProzessR: wichtigster Bestandteil eines Urteils oder Beschlusses
tertium non datur!	Ein Drittes wird nicht gegeben! = eine dritte Möglichkeit gibt es nicht Satz der Logik
testis	Zeuge
testamentum	Testament
~ ruptum	das zerstörte (ungültige) ~
testimonium	Zeugnis
titulus	Rechtsgrund
traditio	Übergabe, Überlieferung ZR: Relevanz bei Übereignung, § 929 S. 1 BGB
~ brevi manu	Übergabe kurzer Hand vgl. § 929 S. 2 BGB
~ longa manu	Übergabe von langer Hand vgl. § 854 Abs. 2 BGB
transactio	Abmachung, Vergleich
tres faciunt collegium.	Drei bilden eine Vorlesung. ursprünglich Grundsatz zur Bildung einer juristischen Gesellschaft
tua res agitur!	Deine Sache wird verhandelt! Du bist betroffen!
tu quoque!	Du auch! Rhetorik: nämlich hast bzw. hättest genauso gehandelt
turpis	schlecht, unanständig

turpitudinem suam allegans nemo auditur	Wer sich auf eigene Sittenwidrigkeit beruft, wird nicht gehört!
turpitudo	Sittenwidrigkeit vgl. §§ 138, 817 BGB
tutela	Vormundschaft vgl. §§ 1773 ff. BGB
tutor	Vormund

U

ubi rem meam invenio, ibi vindico.	Wo ich meine Sache finde, da fordere ich die Herausgabe. da sage ich Gewalt an: vim dico! auch → rei vindicatio
ultima ratio	letztes Mittel
ultra posse nemo obligatur	zu Unmöglichem kann niemand verpflichtet werden ZR: Unmöglichkeit führt zum Wegfall der Leistungspflicht, vgl. § 275 BGB
unilateralis	einseitig
universitas	Körperschaft, (Personen-)Gesamtheit
uno actu	mit einer Handlung, ohne Unterbrechung
urbi et orbi	der Stadt (Rom) und dem Erdkreis Segen, ausgehend vom allumfassenden Anspruch der katholischen Kirche, wie das römische Reich
usucapio	Aneignung, Ersitzung ZR: führt zu Eigentumserwerb, vgl. §§ 937 ff. BGB
usurae (usurarum)	Zinsen (Zinses-)
usus	Brauch, Gebrauch, Gewohnheit

usus fructus .... Nießbrauch
ZR: Recht auf Nutzungen einer Sache, vgl. §§ 1030 ff. BGB

utile non debet
per inutile vitiari. .... Das Nützliche darf nicht durch das Unnütze geschädigt werden.
ZR: unwirksame Teilaspekte sollen nicht den ganzen Vertrag unwirksam machen, vgl. § 139 BGB

uxor .... (unter der Gewalt ihres Ehemannes stehende) Ehefrau

V

venditio .... Verkauf
→ emptio venditio

venditio trans Tiberim Verkauf über den Tiber
römR: Verkauf des Schuldners über die Stadtgrenze = in die Sklaverei

venia legendi .... Erlaubnis des Lesens (Lehrens)

venire contra factum
proprium .... Handeln gegen eine selbst gesetzte Tatsache, gegen eigenes Verhalten

~ nulli conceditur .... ~ wird niemandem zugestanden
ZR: mit § 242 BGB begründetes Verbot widersprüchlichen Verhaltens

verba............................ Wortlaut
Auslegungsproblem, ob Wortlaut oder (entgegenstehender, wahrer) Wille (voluntas) vorgeht; Lösung abhängig von Schutzbedürftigkeit des Erklärungsempfängers

veritas .... Wahrheit, Wirklichkeit, Rechtlichkeit

veto .... ich verbiete

vice versa .... umgekehrt

vi, clam, precario .... durch Gewalt (vis), heimlich, Bettelei

	ZR: dadurch in Besitz Gebrachtes wird nicht geschützt
videant consules ne quid detrimenti res publica capiat!	Mögen die Konsuln zusehen, dass der Staat keinen Schaden nimmt! röm. Republik = Notstandsformel; heute geringe Bedeutung des Notstandsrechts aufgrund negativer Erfahrungen in der Weimarer Republik
vim vi repellere naturaliter licet.	Gewalt mit Gewalt zurückstoßen, wird natürlich erlaubt. StR: Grundsatz der Notwehr, vgl. §§ 32, 34 StGB
vindicatio	Herausgabeforderung → rei vindicatio
vis	Kraft, Gewalt
~ absoluta	willensbrechende, unwiderstehliche Gewalt StR: schließt Willensentschluss aus
~ compulsiva	willensbeugende Gewalt StR: lediglich Willensbeeinträchtigung
~ haud ingrata	die vielleicht gar nicht so unwillkommene Gewalt StR: ewiges Problem bei der Vergewaltigung
~ legis	Gesetzeskraft
~ maior	höhere Gewalt
vitium	Mangel, Fehler, Sühne
volenti non fit iniuria ...	Dem Wollenden geschieht kein Unrecht. StR: Einwilligung schließt Rechtswidrigkeit und damit Strafbarkeit aus
voluntas	Wille → verba

votum	Stimme
vulgo	dem Volk gemäß, gewöhnlich
vulnus letale	tödliche Wunde

IV. Römische Juristen zur Gesetzesauslegung – und auch persönlich vorgestellt!

Wir Juristen befinden uns in typisch schwieriger professioneller Lage, wenn das Recht, das wir anwenden sollen, schwankend und ungewiss ist. Wie helfen wir uns?

Frühe methodologische Ratschläge finden wir gesammelt in den Digesten, 1. Buch Titel 3 de legibus = von den Gesetzen. Die Digesten (auch Pandekten) sind der wichtigste Teil des *Corpus Iuris Civilis*, erlassen mit Gesetzeskraft vom oströmischen Kaiser *Justinian* im Jahre 533 n. Chr.; seit der Renaissance gesamteuropäisch verbreitet („Rezeption"), in Geltung geblieben in Deutschland teilweise bis zum Inkrafttreten des BGB. Die einzelnen Digestenstellen sind Schriften römischer Rechtsgelehrter aus klassischer Zeit, vor allem des 2. und 3. nachchristlichen Jahrhunderts entnommen, manchmal mit redaktioneller Bearbeitung („Interpolationen"). Inhaltlich sind sie noch älter, aus langer Tradition juristischer Arbeit stammend.[10]

Modestinus[11] sagt allgemein über Gesetze:

> Legis virtus haec est: imperare, vetare, permittere, punire. (Dig. 1, 3, 7)

= Des Gesetzes Können dieses ist: gebieten, verbieten, erlauben, bestrafen.

---

[10] Ausführlich zum Vorstehenden *Hähnchen*, Rechtsgeschichte, 4. Aufl. 2012, Rn. 161 ff., 220 ff., 377 ff., 484 ff.

[11] *Herennius Modestinus* wird als Spätklassiker bezeichnet, d.h. er lebte am Ende der klassischen (= besonders vorbildlichen) Zeit. Schüler Ulpians [zu ihm Fn. 14], um 250 n. Chr. tätig. Zahlreiche Schriften. Grundlegend zu den Juristen *Wolfgang Kunkel*, Die römischen Juristen – Herkunft und soziale Stellung, Nachdruck 2001 mit Vorwort von *Liebs*.

Gesetze hat man zu lesen (lex steht nicht weit von legere = lesen, näher wohl an legare = vermachen), wird aber oft nicht finden, was man sucht. Es genügt dem Gesetz zu enthalten, was häufig vorkommt (= ea quae plerumque accidunt, Dig. 1, 3, 10), also die Regel. *Julianus*[12]:

> Non possunt omnes articuli singulatim aut legibus, aut senatus consultis comprehendi; sed cum in aliqua causa sententia eorum manifesta est, is, qui iurisdictioni praeest, ad similia procedere atque ita ius dicere debet. (Dig. 1, 3, 12)

= Es können nicht alle Einzelfälle gesondert durch Gesetze oder durch Senatsbeschlüsse erfasst werden; aber wenn im konkreten Fall deren Sinn offenbar ist, muss derjenige, der zu richten hat, zum ähnlichen (Sinn) vorwärtsschreiten und so Recht sprechen. Also aus dem Sinn (= sententia) darf man ähnliche Regeln (= similia) durch **Analogie** erschließen.

Was Analogie bringt, erklärt *Julian* so:

> … quod proximum et consequens ei est (Dig. 1, 3, 32 pr.)

= was jedem benachbart ist, daraus hervorgeht. Darf man sich mit solcher Methode vom **Wortlaut** entfernen? Betont dafür *Celsus*[13], § 133 BGB vorwegnehmend und in gleicher Inspiration:

> Scire leges non hoc est: verba earum tenere, sed vim ac potestatem. (Dig. 1, 3, 17)

---

[12] *Salvius Julianus* soll zusammen mit *Celsus* (sogleich!) den Gipfel der Hochklassik gebildet haben. War 150-61 n. Chr. kaiserlicher Statthalter in Köln, der Hauptstadt Niedergermaniens. Stattliche, oft zitierte Werke. Gerühmt wird seine Objektivität, die ihn auch Kollegen aus der gegnerischen Rechtsschule gerecht würdigen ließ.

[13] *Juventius Celsus* (fil.), Konsul 129 n. Chr., Mitglied im consilium (=Rat) des Kaisers *Hadrian*, wird *Julian* (Fn. 12) als gleichrangig an die Seite gestellt. Bekannt wegen seiner Grobheit gegenüber Rechtssuchenden und Kollegen, aber auch wegen Genauigkeit.

= Gesetze zu kennen bedeutet nicht, deren Wortlaut festzuhalten, sondern deren Kraft und Macht (= Sinn?). So meint auch *Ulpian*[14] beinahe leichtsinnig, jedenfalls unpositivistisch

> ... quotiens lege aliquid unum vel alterum introductum est, bona occasio est, cetera, quae tendunt ad eandem utilitatem, vel interpretatione, vel certe iurisdictione suppleri. (Dig. 1, 3, 13)

= Sobald durch Gesetz irgendwas so oder so eingeführt ist, besteht gute Gelegenheit, übrige Normen, die zum gleichen Zweck tendieren, durch Interpretation oder natürlich Rechtsprechung zu ergänzen. Mit **Zweck** (= utilitas) kommt aber ein besonders fragwürdiger Begriff ins Auslegungsgeschäft. Wie verhält er sich zum Wortlaut? *Paulus*[15] sagt (zur Testamentsauslegung):

> Cum in verbis nulla ambiguitas est, non debet admitti voluntatis quaestio. (Dig. 32, 25, 1)

= Wenn der Wortlaut eindeutig ist, wird die Frage nach dem Willen (Sinn) nicht zugelassen. Aber einen absurden Sinn hält kein Wortlaut aus. Man wird das Eindeutige so lange drehen und wenden, bis es zweideutig wird. Und was geschieht bei **Zwei-Deutigkeit**? *Celsus:*

---

[14] *Domitius Ulpianus*, unter Kaiser *Alexander Severus* Gardepräfekt (222 n. Chr.). Bei Umruhen von der Prätorianergarde ermordet. War extrem produktiv. Von ihm sind die meisten Fragmente in die Digesten eingegangen, nach der Zählung von *Roby*, Introduction to the Study of Justinian's Digest, 1886, sind es 2.464; danach folgen *Paulus* (Fn. 15) mit 2.081, weit abgeschlagen die wohl brillianteren, aber eben nicht so viel schreibenden *Papinian* mit 601 und *Julian* (Fn. 12) mit 456 Fragmenten.

[15] *Julius Paulus*, ebenfalls Gardepräfekt, s. schon Fn. 14. Die sog. Paulus-Sentenzen, von Schülern herausgegeben, erreichten hohe Wirkung, wurden später in die Rechte der Westgoten und Burgunder übernommen.

In ambigua voce legis ea potius accipienda est significatio, quae vitio caret, praesertim cum etiam voluntas legis ex hoc colligi possit. (Dig. 1, 3, 19)

= Bei zweideutiger Stimme des Gesetzes ist eher die Bedeutung zu akzeptieren, die sich vom Fehler freihält – besonders wenn daraus der Wille des Gesetzes entnommen werden kann. Hier würde man gern von *Celsus* hören, wie er Fehler (= vitium) versteht. Neu ist im letzten Fragment die Formel vom **Willen des Gesetzes** (= voluntas legis). Wie nähert man sich demselben? Wieder *Celsus*:

Incivile est, nisi tota lege perspecta, una aliqua particula eius proposita iudicare vel respondere. (Dig. 1, 3, 24)

= Unangemessen ist es, bevor man das ganze Gesetz durchschaut, aus einer einzigen Bestimmung Entscheidungen zu fällen oder vorzuschlagen. Also ein Hinweis auf den **Kontext**, den Zusammenhang aller gesetzlichen Vorschriften, vielleicht schon auf das System des Gesetzes. *Paulus* betont demgegenüber die Tradition, die überkommene Übung:

Si de interpretatione legis quaeratur, in primis inspiciendum est, quo iure civitas retro in eiusmodi casibus usa fuisset; optima enim est legum interpres consuetudo. (Dig. 1, 3, 37)

= Wenn nach Auslegung des Gesetzes gefragt wird, ist zuerst zu untersuchen, welches Recht der Staat früher in gleichartigen Fällen in Gebrauch gehabt hatte, denn beste Dolmetscherin der Gesetze ist die Gewohnheit. Eine Maxime, beherrschend die **Praxis** römischer Juristen. Nicht nur deren Praxis. Auch wir fragen, bevor wir entscheiden, wie entschieden worden ist. Vielleicht zu sehr? Wir finden eine Bemerkung von *Julianus*, die sehr fortschrittlich klingt:

Non omnium, quae a maioribus constituta sunt, ratio reddi potest. (Dig. 1, 3, 20)

= Nicht allem, was von Älteren geschaffen ist, kann Vernunft entnommen werden. Also: Man darf kritisch sein gegenüber der Vergangenheit, den Versuch machen, über sie hinauszukommen. Noch schärfer sieht *Julian* an anderer Stelle, dass rechtliche Regelungen sogar vernunftwidrig sein können:

In his, quae contra rationem iuris constituta sunt, non possumus sequi regulam iuris. (Dig. 1, 3, 15)

= Daraus, was entgegen der Rechtsvernunft erlassen ist, dürfen wir keine Rechtsregel ableiten. Wir folgten Julian gern, wüssten wir nur genau, was **ratio** ist. Sich auf Rationalität zu berufen, ist über Jahrhunderte hinweg eine Verlegenheitslösung, auch heute noch.

Die spätere Bearbeitung der klassischen Texte schuf folgende griffige Formel:

cessante ratione legis, cessat lex ipsa.

= Wenn der Zweck des Gesetzes wegfällt, fällt das Gesetz selbst weg. Es hat jedenfalls eine lange juristische Tradition, nach der ratio legis zu fragen.

Gegenüber der **Subsumtion** wahrten die Römer der klassischen Zeit tiefe Skepsis, am besten formuliert durch *Paulus* Dig. 50, 17, 1:

non ex regula ius sumatur, sed ex iure, quod est, regula fiat.

= Nicht aus einem abstrakten Satz wird das Recht erschlossen, sondern aus dem vorhandenen Recht bilde man die Regel! Hier zeigt sich ein sehr hohes juristisches Selbstbewusstsein, einen Zugang zum „ius quod est“ zu behaupten.

Zuletzt, auch von *Paulus*:

In omnibus quidem, maxime tamen in iure, aequitas spectanda sit. (Dig. 50, 17, 90

= Überall, besonders aber im Recht, ist **Billigkeit** zu wahren, was uns bekannt vorkommt, weil ja auch § 157 BGB „Treu und Glauben" als Auslegungsmittel (!) einsetzen will.

Die beiden letzten Zitate stammen übrigens aus Buch 50, Titel 17 der Digesten,

De diversis regulis iuris antiqui

= Über verschiedene Regeln des alten Rechts. Sie bilden den Abschluss der großen Sammlung. Die Regeln sind leicht eingängig und von ungebrochener Aktualität: ein Geheimtipp!

Die Fortsetzung zu den hier aufgeworfenen Fragen findet sich in der Literatur zur Methodenlehre.[16] Der Klassiker ist *Friedrich Carl von Savigny*. Seine Leistung war es, in seinem 8-bändigen Werk „System des Römischen Rechts", Band 1, 1840, die immer noch maßgebliche Ordnung der Auslegungskriterien zu schaffen. Vereinfacht:

1. Wortlaut (grammatikalische Auslegung)
2. Kontext (systematische Auslegung)
3. Entstehung (historische Auslegung)
4. Zweck (teleologische Auslegung).

Heute, nach dem Stand der richterlichen Praxis, hat man diese Reihung um

5. Rechtskritik und Rechtsfortbildung

zu erweitern, für den Richter im Arbeitsrecht ausdrücklich durch § 45 Abs. 4 ArbGG anerkannt, für den BGH in § 132 Abs. 4

[16] Ausführlich und mwN, auch zum Folgenden *Adomeit/Hähnchen*, Rechtstheorie für Studenten, 6. Aufl. 2012, Teil II.

GVG. Der Richter wird dadurch in eine neutestamentarische Rolle gedrängt: „… es steht geschrieben …, ich aber sage Euch …“, die auf Dauer ihn wie die Rechtssuchenden überfordert.[17]

---

[17] Kritische Anmerkungen von *Adomeit*, in FS Schaub, S. 1 ff.; *Rüthers/Fischer/Birk*, Rechtstheorie, 8. Aufl. 2015, § 24: „Richterliche Gesetzesabweichungen“.

V. Rechtsregeln und ihre Entwicklung – ein Beispiel

Caveat emptor oder Käuferschutz um jeden Preis?*

Habens gekauft, es freut sie baß.
Eh mans denkt, so betrübt sie das.[1]

Johann Wolfgang v. Goethe (um 1810)

Der Jubilar *Detlef Liebs* schreibt in seinem wunderbaren, viel gelobten Buch „Lateinische Rechtsregeln und Rechtssprichwörter" zu *caveat emptor*: „Der Käufer sei auf der Hut. Wenn nichts Besonderes vereinbart ist und auch sonst keine besonderen Umstände wie Arglist des Verkäufers eingreifen, hat der Käufer wegen Mängel der Kaufsache keine Ansprüche gegen den Verkäufer. Gilt im englischen Common law, heute weithin durchlöchert."[2] Es folgen Nachweise.

In vielen frühen, wenig ausdifferenzierten Rechtsordnungen gilt die Regel, dass der Käufer (*emptor*) einer Sache diese mit all ihren Fehlern erhält und deshalb grundsätzlich keine Rechte geltend machen kann. Daher muss er sich vorsehen (*cavere*), sie also vorher am besten untersuchen. „*Emptor debet esse curiosus*" – oder wie es deutsche Rechtssprichwörter ausdrücken: „Augen auf, Kauf ist Kauf"[3], denn: „Wer die Augen nicht auf-

---

* Dieser Beitrag von *Adomeit/Hähnchen* wurde zuerst veröffentlicht in: *Muscheler* (Hrsg.) FS Liebs (2011) S. 1–9.

[1] Sprichwörtlich nach der Insel-Ausgabe „Gesammelte Gedichte".

[2] *Liebs*, Lateinische Rechtsregeln und Rechtssprichwörter, 6. Aufl. 1998, S. 43 f. Nr. 14.

[3] Zu dieser Regel und ihren Ausnahmen im Augsburger Stadtrecht vgl. *Mayer*, Der Kauf nach dem Augsburger Stadtrecht von 1276 im Vergleich zum gemeinen römischen Recht (2009) S. 130 ff.

tut, der tue den Beutel auf" – waren dereinst prägnante Formeln. Der Hinweis von *Liebs* auf § 442 BGB[4] ist allerdings seit der Schuldrechtsmodernisierung leider nicht mehr aktuell. Betrachtet man die heutigen deutschen Rechtsbehelfe des Käufers, insbesondere im Fernabsatz, so kann dieser vollkommen sorglos sein. Im Folgenden soll es um den Ursprung der Regelungen im römischen Recht und die heutige Situation im deutschen Recht gehen, wobei die zwingende Ausgestaltung dieser Regeln kritisiert und nach dem Grund des historisch betrachtet immer stärker zunehmenden Käuferschutzes gefragt wird.

1. Abschnitt

Caveat emptor wird heute gerade im Zusammenhang mit dem modernen Verbraucherschutz manchmal pauschal als Grundsatz des römischen Rechts behauptet.[5] Dabei wird jedoch übersehen, dass sich das römische Recht über einen langen Zeitraum entwickelt und verändert hat. Es ist bereits sehr zweifelhaft, ob diese Rechtsregel noch für das klassische römische Recht des ersten bis dritten Jahrhunderts nach Christus stimmt.[6]

Typisch für die ursprüngliche Regel ist zum einen die damals häufigere Identität von Verkäufer und Produzent, zum anderen das Umfeld des Kaufes. Die Parteien befanden sich auf einem Markt, d.h. der Käufer konnte (und musste) die Ware in Augen-

---

[4] Zu *emptor debet curiosus esse*, *Liebs*, a.a.O., S. 72, Nr. 22.

[5] So *Derleder*, Warenwunschwelten und Verbraucherfrustrationsrechte, in: NJW 2008, 1643 ff. (1643) – der sodann den „Frust" heutiger Käufer darüber beschreibt, dass „die Waren in der banalen eigenen Lebenswelt an Glanz verlieren" – wenn man auf das Goethe-Zitat schaut, auch nicht ganz neu. Ahistorisch in Bezug auf *caveat emptor* auch *Wagner*, Zwingendes Privatrecht, in: ZEuP 2010, S. 243 ff. (274).

[6] Vgl. zum Folgenden *Kaser/Knütel*, Römisches Privatrecht (19. Aufl. 2008) § 41, VI.; auch rechtsvergleichend *Zimmermann*, The Law of Obligations. Roman Foundations of the Civilian Tradition (1990/92) S. 305 ff. (307 f.).

schein nehmen und der Preis war Verhandlungssache. Bald hatten sich aber verschiedene Rechtsbehelfe zugunsten des Käufers parallel nebeneinander entwickelt.

Im altrömischen Recht gab es eine Sachmängelgewährleistung nur ausnahmsweise: Wenn nämlich ausdrücklich durch die Parteien vorgesorgt wurde. Das konnte generell durch ein Garantieversprechen (*stipulatio*) geschehen oder speziell beim Grundstückskauf, wenn bei der Übereignung durch *mancipatio* die Grundstücksgröße vom Verkäufer erklärt wurde (*lex mancipio dicta*) und sich später herausstellte, dass diese nicht zutraf.

Die noch vom ursprünglichen BGB vorgesehenen Rechtsbehelfe der Wandlung (*actio redhibitoria*) und Minderung (*actio quanti minoris*) wurden wie wir wissen seit dem 2. oder sogar schon im 3. Jahrhundert v. Chr. in der Marktgerichtsbarkeit der kurulischen Ädilen entwickelt, also als Sonderrecht für Käufe von besonders wertvollen Gütern, nämlich Sklaven und Zugtieren. Bei Käufen anderer Waren galt hingegen weiterhin – wie ja letztlich noch auf heutigen Wochenmärkten *de facto* – „Augen auf".

Von den Ädilen wurde die Haftung des Verkäufers auf eine ausdrückliche oder stillschweigende Garantie gestützt und war deshalb verschuldensunabhängig. Der Verkäufer war verpflichtet, bestimmte im Markt-Edikt aufgeführte Mängel, wie Krankheiten und Charakterfehler, anzuzeigen. Wenn sich dennoch später ein solcher Mangel zeigte, konnte der Käufer vom Verkäufer die Rückerstattung des Kaufpreises (binnen 6 Monaten) oder dessen Minderung (binnen eines Jahres) verlangen.[7]

Den Hintergrund des Ädilenedikts verortet man wohl zutreffend mindestens auch im geringen Ansehen von (betrügerischen) Sklavenhändlern, vergleichbar den Viehhändlern der deutschen Rechtsgeschichte, die man Rosstäuscher genannt hat[8]

---

[7] Ulpian (1 ad ed. cur.) Dig. 21, 1, 19, 6.

[8] *Honsell*, Von den aedilizischen Rechtsbehelfen zum modernen Sachmängelrecht, in: Nörr/Simon (Hrsg.) Gedächtnisschrift für W. Kunkel (1984) S. 57 mit Hinweis auf die etymologisch gleiche

oder den Gebrauchtwagenhändlern heute, also letztlich in einer sehr speziellen Materie.

„Modern gesprochen dient das Edikt dem Verbraucherschutz.“[9] Eine logische Parallele zum modernen Verbraucherschutz besteht auch hinsichtlich der Entstehung der Regelungen: Ursprünglich griff die mit Polizeigewalt ausgestattete Marktaufsicht ein – übrigens nicht nur in Rom[10] –, heute der Gesetzgeber mit in der Regel (ebenfalls) zwingendem Recht.

Stellte die Marktgerichtsbarkeit – wie der heutige Verbraucherschutz – zunächst „nur“ Sonderrecht dar, so sickerte das einmal Entwickelte auch in das allgemeine *ius civile* ein. Hier gab es dann die Haftung des Verkäufers für alle Sachmängel, nicht nur für Sklaven und Vieh[11], klagbar mit der *actio empti*,

---

Wurzel von „täuschen“ und „tauschen“, vgl. *Wacke*, *Circumscribere*, gerechter Preis und die Arten der List (*dolus bonus* und *dolus malus*, *dolus causam dans* und *dolus incidens*), unter Berücksichtigung der §§ 123, 138 BGB, in: ZRG RA 94 (1977) S. 184 ff (S. 202 mit Fn. 78).

9 *Kaser/Knütel* (Fn. 6) § 41, Rn. 42.

10 Zur Regulierung frühneuzeitlicher Märkte, vor allem hinsichtlich der qualitativen Anforderungen an zu handelnde Waren, aber auch bezüglich der starken Preisbindung, vgl. *Schmelzeisen*, Polizeiordnungen und Privatrecht (1955) S. 391 ff.; zur Mängelhaftung beim Viehkauf, S. 449. Bemerkenswert die Formulierung auf S. 428 „Vorschriften …, die den Verbraucher (!) gegen Irreführung schützen sollen“.

11 A.A. noch *Honsell* (Fn. 8) S. 53, S. 61. Die Verallgemeinerung des Edikts der Ädilen auf alle beweglichen und unbeweglichen Sachen in Dig. 21, 1, 1 pr. stammt zwar möglicherweise tatsächlich erst von Justinian. Sie könnte aber auch schon früher in der Beamtenkognition geschehen sein. Aber jedenfalls der Anwendungsbereich der klassischen, nicht nur für Marktkäufe geltenden allgemeinen Kaufklage (*actio empti*) ging schon früher auch hinsichtlich der Sachmängelgewährleistung über Sklaven- und Viehkäufe hinaus. Vgl. etwa Ulpian-Julian (32 ed.) Dig. 19, 1, 13 pr., wo ein mangelhafter Balken verkauft wurde oder bei Marcian (4 reg.) Dig. 18, 1, 45 ein

zunächst nur für arglistiges Verschweigen, später in voller Angleichung an die ädilizischen Klagen.[12]

Das klassische römische Recht ließ den Käufer also keinesfalls schutzlos. Über den genauen Inhalt der Begriffe „*cavere*" und „*praedicere*" in diesem Zusammenhang streitet man sich bis heute.[13] *Caveat emptor* kann jedoch schwerlich als eine Regel dieser Zeit oder des gemeinen Rechts betrachtet werden. Tatsächlich entstand sie in Opposition zum römischen Recht seit dem 16. Jahrhundert in England, als man Aufklärungspflichten ablehnend gegenüberstand und meinte, der Käufer solle sich – ebenso wie der Verkäufer[14] – selbst über den Wert der Sache informieren und sich bzw. seine Interessen durch Garantieversprechen absichern.[15] „*It is the fault of the buyer that he did not insist on a warranty*".[16] Die für den Käufer ungünstige Regel „*caveat emptor*" war dann seit dem späten

---

seinerzeit offenbar viel diskutierter Fall: gebrauchte Kleidung wurde als neu verkauft.

12 *Kaser/Knütel* (Fn. 6) § 41, Rn. 45 f.; *Zimmermann* (Fn. 6) S. 321.

13 Ausführlich gegen die bisher h.M., welche Identität annahm (Stipulationszwang im Sonderrecht der Ädilen), *Jakab*, Praedicere und cavere beim Marktkauf (1997); zustimmend *Ernst*, Neues zur Sachmängelhaftung aufgrund des Ädilenedikts, in ZRG RA 116 (1999) S. 208; kritisch differenzierend dazu *Kupisch*, Römische Sachmängelhaftung: Ein Beispiel für die ökonomische Analyse des Rechts? in: TR 70 (2002) S. 21 ff.; dagegen zuletzt *Jakab*, Cavere und Haftung für Sachmängel. 10 Gründe gegen Berthold Kupisch, in: Jakab/Ernst (Hrsg.) Kaufen nach römischem Recht. Antikes Erbe in den europäischen Kaufrechtsordnungen (2008) S. 123 ff.

14 Dazu mit vielen Beispielen *Fleischer*, Informationsasymmetrie im Vertragsrecht (2001) S. 823 ff.

15 Genauer zur Entwicklung in England *Fleischer* (Fn. 14) S. 66 f.; 821 ff. mwN.

16 *Parkinson v. Lee*, 2 East 314, 102 Eng. Rep. 389 (1802). Die älteste Entscheidung in diesem Sinne war *Chandelor v. Lopus*, Cro. Jac. 4, 79 (1603): „*If there is no warranty, an action on the case does not lie, even though he is deceived: for caveat emptor.*"

18. Jahrhundert vorherrschend, wurde jedoch für den Kauf beweglicher Sachen seit Ende des 19. Jahrhunderts gemildert und ist heute durch Gesetzes- und Richterrecht auf schmale Restbestände geschrumpft, nicht mehr nur „durchlöchert", wie *Liebs* früher schrieb; für Grundstückkäufe gilt sie allerdings ungebrochen.[17]

2. Abschnitt

Es ist wohl so, dass das römische Zivilrecht seine Leistung für das Kaufgeschäft damit erbracht hatte, eine *causa* für den Eigentumsübergang an der Kaufsache zu liefern. Dieser Haupteffekt prägt noch heute europäische Rechtsordnungen (*Code civil, Código civil*) und findet sein Gegenstück in der Ungerechtfertigten Bereicherung. Man weiß, wie fundamental der *dominus*-Begriff, vom bloßen Besitz genau unterschieden, für die römische Rechtsordnung war, übrigens in der vor kurzem noch aktuellen marxistischen Interpretation, zur Aufrechterhaltung eines „Sklavenhalterstaates". Man muss sich bei romanistischen Studien daran gewöhnen, ungeschockt von verkauften Menschen und deren möglicher Behaftung mit Sachmängeln zu hören. Streitigkeiten über Sachmängel konnte man dann beinahe schon analog *„casum sentit dominus"* scheitern lassen.

Es waren die Ädilen als Inhaber der Marktpolizei, denen Streitigkeiten und Konflikte mit frustrierten Käufern so auf die Nerven gingen, dass Regeln zu schaffen waren,[18] im Kern eigentlich öffentlich-rechtlicher Art. Diese zögernde Behandlung der Haftung für Sachmängel blieb bis in das gemeine Recht hinein bestehen und das BGB fand die wahrlich unpraktische Lösung, einen *neuen* Vertrag unter den Parteien über die Durchführung von Wandlung und Minderung zu verlangen. Nach orthodoxer Lehre musste der enttäuschte Käufer auf

---

[17] *Fleischer* (Fn. 14) S. 469, 823, 827.

[18] So *Franz Wieacker*, der Lehrer von *Liebs*, in einer Vorlesung, an die sich der damalige Student *Adomeit* erinnert.

Zustimmung des Verkäufers auf Einigung klagen, was rechtspolitisch keinen Bestand haben konnte.

Es war wohl an erster Stelle Folge der technischen Entwicklung, eine neue Sichtweise zu erzwingen. Produktion und Handel fielen auseinander, gegenüber Produktionsfehlern war der Verkäufer genauso hilflos wie der Käufer. Konsequenz war die richterliche Neuschöpfung von Produzentenhaftung, alsbald über die EG-Richtlinie von 1985 das Produkt-(besser Produzenten-)haftungsgesetz, unter Verzicht auf das deliktsrechtliche Verschuldensprinzip.

Überhaupt war es jetzt der Käufer, um den es den rechtspolitischen Bestrebungen zu tun war, unter der ungenauen und unschönen Bezeichnung „Verbraucher".[19] Der Ausgang dieser neuen Tendenz lag unerwarteterweise in den USA, mit dem Verbraucheranwalt *Ralf Nader*, mit der Kongress-Botschaft des Präsidenten *Kennedy* (1962) über *Consumer's Protection*.[20] Es wurde der „Schutz des Schwächeren", in Deutschland bisher nur im Arbeitsrecht und im Recht der Wohnungsmiete bestimmend, allgemein jedem Privatkunden gegenüber jedem gewerblichen Anbieter gewährt. Geistesgeschichtlich setze sich hier

[19] Noch weniger gelungen ist die „latinisierte" Fassung des Verbrauchers, *Adomeit*, Niemals: „in dubio pro consumatore", Glosse in: JZ 2006, 557: allenfalls kann der Verbraucher ein *consumptor*, jedoch kein *consumator* sein. Inhaltlich gegen den behaupteten Auslegungsgrundsatz *Riesenhuber*, Kein Zweifel für den Verbraucher, in: JZ 2005, S. 829 ff.

[20] Genauer dazu *Adomeit*, Der Schutz des Schwächeren – arbeitsrechtliche Erfahrungen und zivilrechtliche Entwicklungen, in: Dauner-Lieb u.a. (Hrsg.) FS Konzen (2006) S. 1 ff. (3); ähnlich, wenn auch verkürzt *Schmoeckel* in HKK Band II/2 (2007) vor §§ 312 ff., Rn. 92. Eine andere Linie, seit dem Abzahlungsgesetz von 1894, zieht *Medicus*, Wer ist ein Verbraucher?, in: Leser/Tamotsu (Hrsg.) FS Kitagawa (1992) S. 471 ff. (473 ff.), der aber auch schon im Anschluss an *H. P. Westermann* zu Recht die Vermengung von personalen und situationsbezogenen Elementen kritisierte (a.a.O., S. 481 ff.).

Bentham durch, der sehr demokratisch die Staatstätigkeit auf „das größte Glück der größten Zahl“[21] verpflichtet hatte und den *Goethe* weitsichtig einen radikalen alten Narren nannte.[22] Über den jetzt beherrschenden Termini „Verbraucher“ und „Unternehmer“ (vgl. aber anders zu verstehen in § 631 BGB) schwebt das Donnerwort des großen *Flume* „barer Unsinn“.[23]

Die Verbrauchsgüterkaufrichtlinie[24] stammt von 1999, unsere Schuldrechtsreform 2001/02 nahm dies zum Anlass für eine grundlegende Umgestaltung des Kaufrechts.[25] Das Interesse des

---

[21] *Bentham*, A Fragment on Government (1776) preface: „It is the greatest happiness of the greatest number that is the measure of right and wrong“.

[22] *Goethe* bezeichnete *Bentham* als „höchst radikalen Narren“ und bemerkte: „In seinem Alter so radikal zu sein, ist der Gipfel aller Tollheit.“, zitiert nach *Eckermann*, Gespräche mit Goethe in den letzten Jahren seines Lebens, in: Johann Wolfgang Goethe. Sämtliche Werke. Briefe, Tagebücher und Gespräche, hrsg. von Chr. Michel, Bd. 12 (1999) S. 715.

[23] *Flume*, Vom Beruf unserer Zeit für Gesetzgebung, in: ZIP 2000, S. 1427 ff. (1428), u.a. mit der Erinnerung an Iavolen Dig. 50, 17, 202 *omnis definitio in iure civili periculosa* (Jede Begriffsbestimmung im positiven Recht birgt Gefahren in sich.).

[24] RL 199/44/EG des Europäischen Parlaments und des Rates vom 25. Mai 1999 zu bestimmten Aspekten des Verbrauchsgüterkaufes und der Garantien für Verbrauchsgüter, ABl. Nr. L 171 vom 7.7.1999, S. 12-16. In den Erwägungsgründen 8 und 9 der RL wird der Grundsatz der Vertragsfreiheit betont, dennoch sollen nach Erwägungsgrund 22 und vor allem Art. 7 der RL die Gewährleistungsrechte unabdingbar sein. Durch die nach Veröffentlichung dieses Beitrags erlassene RL 2011/83/EU des Europäischen Parlaments und des Rates vom 25. Oktober 2011, veröffentlicht im ABl. L 304/64 vom 22.11.2011, die Vollharmonisierung bezweckte und inzwischen in das deutsche Recht umgesetzt wurde (Gesetz zur Umsetzung der Verbraucherrechterichtlinie …), gab es keine inhaltlichen Änderungen hinsichtlich der Gewährleistung.

[25] Einführender Überblick dazu *Westermann*, Das neue Kaufrecht, in: NJW 2002, S. 241 ff., zur Sachmangelhaftung S. 243 ff.

Käufers an der Lieferung einer mangelfreien Sache wurde beim Verkäufer zur Hauptpflicht, deren Verletzung dann – wie bei der Nichtlieferung oder der Zu-spät-Lieferung, dem Leistungsstörungsrecht zugeordnet werden konnte.

Hingenommen wurde eine große Einbuße an Rechtssicherheit: da der Begriff des Sachmangels höchst komplex ist (vgl. § 434 BGB), kann man bei auftretenden Zweifeln niemals sagen, ob der Vertrag erfüllt ist. Sicherheit gibt erst der ungenutzte Ablauf der Gewährleistungsfristen. Auch sind die „Rechte des Käufers bei Mängeln" (§ 437 BGB)[26] aus dem neuen Gesetzeswortlaut sogar für Rechtskundige schwer ermittelbar: die genannte Vorschrift enthält elf Verweisungen, zum Teil mit Weiterverweisungen; die logische Struktur (etwa bei der Kopula „und" nach Nr. 2) ist keineswegs stimmig.

Unter der Geltung des alten BGB haben sich Generationen von Studenten beklagt, „ädilizische Rechtsbehelfe" begreifen zu müssen – die heutige Rechtslage ist keineswegs eher transparent, wie die Zahl der dogmatischen Kontroversen und so vieler überraschender Entscheidungen zeigt.

Es sind beim eigentlichen Verbrauchsgüterkauf, wo sich Privatkunde und gewerblicher Anbieter (*consumer/business*) gegenüberstehen, die Käuferrechte noch stärker hervorgehoben, und zwar als zwingendes Recht, § 475 BGB.

Zeigen sich bei bestehendem Vertrag Mängel, so kann jeder Käufer seit der Schuldrechtsmodernisierung Nacherfüllung verlangen (§ 439 BGB) sowie ggf. weitere, in § 437 BGB aufgeführte Rechte (Rücktritt, Minderung, Schadens- und Aufwendungsersatz) geltend machen. Beim Verbrauchsgüterkauf kann lediglich der Anspruch auf Schadensersatz ausgeschlossen oder beschränkt werden (§ 475 Abs. 3 BGB). Der Verkäufer kann sich hingegen nicht auf eine Vereinbarung berufen, die von anderen Rechten abweicht oder die Verjährung vor Mitteilung des Man-

---

[26] *Baldus*, Verbraucherschutz zwischen Vertrag und Nicht-Vertrag?, in: Kern (Hrsg.) FS Laufs (2006) S. 557 ff. (559): „Drehscheibennorm".

gels abkürzt (§ 475 Abs. 1 S. 1 und Abs. 2 BGB). Aus der ursprünglich erforderlichen Vereinbarung der Gewährleistung (Garantieversprechen) ist also das krasse Gegenteil geworden.

Es ist auch die Beweislastumkehr nach § 476 BGB weder mit Prinzipien des Zivil- noch des Zivilprozessrechts vereinbar. Die Beweislast ist nur dann umzukehren, wenn nach der Lebenserfahrung eine bestimmte Konstellation von Tatsachen typischerweise wahrscheinlich ist (etwa beim Auffahrunfall: der Hintermann fuhr falsch), wovon hier keine Rede sein kann. Im Gegenteil ist mit der Übergabe die Sache in den Herrschaftsbereich des Käufers gelangt, in der langen Zeit von sechs Monaten kann viel durch unsachgemäße Behandlung verdorben sein. Indem nicht nur die Gewährleistungsfrist verlängert, sondern auch noch die Beweislast umgekehrt wurde, hat man an einer Stelle gleich doppelt in das Vertragsverhältnis zugunsten des Käufers eingegriffen.

Auch kommt dem auf Schutz des Schwächeren bedachten Gesetzgeber die Gefahr des Missbrauchs nicht in den Sinn die bei jeder neuen Rechtsgewährung zu bedenken wäre. Es ist nicht geradezu ein *„vae venditoribus!“* Devise der heutigen Rechtslage, aber es hat schon ein Paradigmenwechsel stattgefunden, weniger Zivilrecht, eher Sozialrecht. Die Zahl der Verkäufer und der Reichtum ihrer Angebote werden deswegen nicht schrumpfen.

Wir kennen sogar noch viel weitergehenden Verbraucherschutz im Kaufrecht. Wird im Fernabsatz gekauft, hat der Käufer ein Reurecht, den Widerruf (ursprünglich §§ 312 b, d, 355 BGB, seit 2014, d.h. seit dem Gesetz zur Umsetzung der Verbraucherrechterichtlinie, §§ 312 g, 355 BGB), der zwar an eine Frist gebunden ist, aber sogar ohne Vorliegen von Sachmängeln die Lösung vom Vertrag bei bloßem Nichtgefallen ermöglicht. Dies ist sicherlich insoweit sinnvoll, als Anpreisungen in Katalogen und im Internet oftmals nicht mit der Realität der gelieferten Ware übereinstimmen.[27] Allerdings war es für Verkäufer

---

[27] In diesem Sinne der 14. Erwägungsgrund der Fernabsatzrichtlinie 97/7/EG vom 20.5.1997, ABl. 1997 L 144 S. 19.

in der Praxis schwierig, eine den hohen Anforderungen der Gerichte genügende Widerrufsbelehrung zu verfassen. Das wird jetzt durch die Formulare im Gesetz zur Umsetzung der Verbraucherrechterichtlinie hoffentlich besser. Darüber hinaus treffen den Verkäufer im Fernabsatz zahlreiche, kaum erfüllbare Anzeige- und Informationspflichten.[28]

3. Abschnitt

Wie für das römische Recht gezeigt, entwickelten sich käuferschützende Gewährleistungsregeln zuerst gerade auf dem Markt, wo die gleichzeitige Anwesenheit der Parteien noch gegeben war. Die Ursache der staatlichen Einmischung muss also woanders zu suchen sein. Oft wurden naturrechtliche Vorstellungen (*iustum pretium*, *laesio enormis*), die römische *bona fides* bzw. das Prinzip von Treu und Glauben angeführt[29], die jedoch auch in anderen Zusammenhängen kaum präzise Aussagekraft haben. Die diesbezüglichen Vorstellungen, was angemessen oder gerecht ist, sind doch sehr verschieden und warum sollte es nicht sachgerecht und manchmal im Sinne eines herzustellenden oder zu bewahrenden Gleichgewichts sein, Verkäufer gegenüber Käufern zu schützen? Es befremdet doch, dass die abstrakte Entscheidung von außen gerechter sein soll, als

---

[28] *Schmoeckel* in HKK Band II/2 (2007) vor §§ 312 ff., Rn. 80 ff. stellt diese unter die Überschrift „Caveat emptor? Entwicklung der Informationspflichten".

[29] *Zimmermann* (Fn. 6) S. 308; *Schmoeckel* in HKK Band II/2 (2007) vor §§ 312 ff., Rn. 83 ff. jeweils mwN. Detailliert zu Vorstellungen über Aufklärungspflichten und Vertragsgerechtigkeit bei den Spätscholastikern und in der modernen Naturrechtslehre *Fleischer* (Fn. 14) S. 39 ff., 47 ff. Jüngst zeitlich und räumlich breit vergleichend zu den generellen Schwierigkeiten *Armgardt*, Zur Dogmengeschichte der *laesio enormis* – eine historische und rechtsvergleichende Betrachtung, in: Riesenhuber/Karakostas (Hrsg.) Inhaltskontrolle im nationalen und Europäischen Privatrecht (2009) S. 3 ff.

die von den Parteien konkret vereinbarte Gewährleistung. Tatsächlich können die Parteien (nur) frei die Vertragsgemäßheit bestimmen, was mit Bezug auf die zugrundeliegende Verbrauchsgüterkaufrichtlinie bereits oft kritisiert wurde.[30]

Dass der „Verkäufer ... näher daran (ist), dieses Risiko zu tragen“[31] ist eine mögliche Sichtweise, aber keine Begründung. Eine reine Feststellung ist es, dass die Entwicklung der Gewährleistungsregeln mit der allgemeinen Ausdifferenzierung der Kultur und des Handels einherging.

Die historische Entwicklung dieses Rechtsgebiets ist eine immer weitere Entfernung von der verbindlichen Parteivereinbarung hin zu einer immer stärkeren Einmischung des Staates. Materialisierungstendenzen sind hier nicht erst seit dem Inkrafttreten des BGB zu beobachten.[32] Auch wenn dieser Tendenz in jüngerer Zeit oft widersprochen wird[33] – für das Gewährleistungsrecht kann man sie jedenfalls nicht anders sehen.

Damit ist das grundsätzliche Problem – Privatautonomie oder Schwächerenschutz (und wer ist überhaupt der Schwächere: der Verkäufer oder die kaufende Rechtsanwältin?) – im Kern berührt, dass man nur nach seiner (rechtspolitischen) Haltung, nicht allgemeingültig lösen kann. Aber unabhängig davon, ob man eine eher liberale oder eher soziale Position vertritt – man

---

[30] Vgl. etwa *Canaris*, Wandlungen des Schuldvertragsrechts, in: AcP 200 (2000) S. 273 ff. (362 ff.). Dagegen etwa *Riesenhuber*, Europäisches Vertragsrecht, 2. Aufl. 2006, § 26 Rn. 752 ff. (755): die Unabdingbarkeit sei grundsätzlich „weniger spektakulär“, kritischer aber bzgl. der Unabdingbarkeit der Fristen bei gebrauchten Gütern (Rn. 756).

[31] *Honsell* (Fn. 8) S. 55.

[32] Allgemein dazu *Wieacker*, Das Sozialmodell der klassischen Privatrechtsbücher und die Entwicklung der modernen Gesellschaft (1952) S. 18; *Canaris* (Fn. 30) passim.

[33] Zuletzt *Meder*, Opposition, Legislation, Wissenschaft: zum 100. Todestag von Gottfried Planck, in: JZ 2010, S. 474 ff. (470, 480) mwN: Das BGB habe die „sozialpolitische Aufgabe des Privatrechts nie geleugnet und Schwächere sehr wohl geschützt“.

sollte den Käufer jedenfalls nicht so weit schützen, dass es zu seinem Schaden ist. Selbst als informierter Verbraucher kann man heute nicht mehr zu Gunsten eines besseren Preises auf Gewährleistungsrechte verzichten.[34]

Dieser extreme Käuferschutz geht aber zu Lasten aller Käufer, da er vom Verkäufer auf den Preis umgelegt wird, d.h. auf alle Käufer verteilt wird. Er führt also zu einer Art Solidar- oder Versicherungssystem. Vielleicht gibt es keine bessere Erklärung für die Entwicklung, als dass sie dem allgemeinen Zeitgeist entspricht. Verbraucher werden als schwache, schutzbedürftige Wesen angesehen, wobei das Ganze entweder nicht ökonomisch zu Ende gedacht oder sogar bewusst die (nicht ganz neue) Vollkaskomentalität verstärkt wird. Über das Gewährleistungsrecht indirekt einen gerechten Preis (*iustum pretium*) erreichen zu wollen, erscheint jedenfalls wenig sinnvoll.

---

[34] *Canaris* (Fn. 30) S. 362; *Adomeit*, Das Günstigkeitsprinzip – jetzt auch beim Kaufvertrag, oder: der KfZ-Mechaniker von Canaris, in: JZ 2003, S. 1053 f. (1054); dazu und rechtsvergleichend mit Beispielen noch strikteren Verbraucherschutzes: *Karampatzos*, Haftungsfreizeichnungsklauseln im griechischen und deutschen Kaufrecht sowie im DCFR – Die Dichotomie zwischen Individual- und Verbrauchsgüterkauf, in: Riesenhuber/Karakostas (Hrsg.) Inhaltskontrolle im nationalen und Europäischen Privatrecht (2009) S. 173 ff. (184). Vgl. auch *Riesenhuber* (Fn. 30) § 26 Rn. 759, der bezogen auf den einzelnen Vertrag von einer Zwangsversicherung des Verbrauchers spricht.